Smagfulde Asien

Opdag de autentiske smagsoplevelser i det asiatiske køkken

Mai Tran

Indeks

Kylling med bambusskud 10
dampet skinke 11
bacon med kål 12
Mandel kylling 13
Kylling med mandler og vandkastanjer 15
Kylling med mandler og grøntsager 16
anis kylling 17
kylling med abrikos 19
Kylling med asparges 20
Kylling med aubergine 21
Kylling og bacon wrap 22
Kylling med bønnespirer 23
Kylling med sorte bønnesauce 24
kylling med broccoli 25
Kylling med kål og peanuts 26
Kylling med cashewnødder 26
kylling med kastanjer 28
Varm chili-kylling 29
Stegt kylling med peber 31
Kyllingekotelet Suey 32
kylling chow mein 33
Sprødstegt krydret kylling 35
Stegt kylling med agurk 36
Kylling karry med peber 38
kinesisk kylling karry 39
Hurtig karry kylling 40
Kylling karry med kartofler 41
Stegt kyllingelår 42
Stegt kylling med karrysauce 43
beruset kylling 44
Saltet kylling med æg 45
kyllingæggeruller 47

Stegt kylling med æg 49
kylling fra fjernøsten 51
Kylling Foo Yung 52
Skinke og kylling Foo Yung 53
Stegt kylling med ingefær 54
Kylling med ingefær 55
Ingefærkylling med champignon og kastanjer 56
Gylden kylling 57
Marineret gylden kyllingegryderet 57
Gyldne mønter 59
Dampet kylling med skinke 61
Kylling med Hoisinsauce 61
honning kylling 62
Kung Pao kylling 63
Kylling med porre 64
kylling med citron 65
Stegt kylling med citron 67
Kyllingelever med bambusskud 68
Stegt kyllingelever 69
Kyllingelever med Mangetout 70
Kyllingelever med pastapandekage 71
Kyllingelever med østerssauce 72
Kyllingelever med ananas 73
Sød og sur kyllingelever 74
Kylling med litchi 75
Kylling med litchisauce 76
Kylling med Mangetout 77
Kylling med mango 78
Melon fyldt med kylling 79
Braiseret kylling og svampe 80
Kylling med svampe og jordnødder 81
Stegt kylling med svampe 83
Dampet kylling med svampe 84
Kylling med løg 85
Kylling med appelsin og citron 86
Kylling med østerssauce 87

kyllingeportioner 88
jordnøddekylling 88
Peanut Butter Kylling 89
Kylling med ærter 90
Peking kylling 91
Peber Kylling 92
Stegt kylling med peber 94
kylling og ananas 96
Kylling med ananas og litchi 97
kylling med svinekød 98
Stegt kylling med kartofler 99
Fem krydderier kylling med kartofler 100
Rød kogt kylling 101
kyllingefrikadeller 102
Saltet kylling 103
Kylling i sesamolie 104
Sherry kylling 105
Kylling med sojasovs 106
Krydret stegt kylling 106
kylling med spinat 107
kyllingeforårsruller 108
Krydret flæskesteg 111
dampede svineboller 112
svinekød med kål 113
Svinekød med kål og tomater 116
Marineret svinekød med kål 117
Svinekød med selleri 118
Svinekød med kastanjer og svampe 119
Svinekotelet 120
svinekød yakisoba 122
Flæskesteg Mein 123
Svinekød med chutney 124
Svinekød med agurk 125
Sprøde svinekødspakker 126
svineruller med æg 127
Æggeruller med svinekød og rejer 128

Braiseret svinekød med æg 129
brandsvin 130
Stegt svinefilet 131
Fem krydderier svinekød 132
Duftende flæskesteg 133
Svinekød med hakket hvidløg 134
Stegt flæsk med ingefær 135
Svinekød med grønne bønner 136
Svinekød med skinke og tofu 137
stegt svinekebab 139
Svineskank stegt i rød sauce 140
marineret svinekød 142
Marinerede svinekoteletter 143
Svinekød med svampe 144
dampet frikadelle 145
Rødt svinekød med svampe 146
svinepandekage med pasta 147
Svinekød og rejer med nudelpandekage 148
Svinekød med østerssauce 149
Svinekød med jordnødder 150
Svinekød med peberfrugt 152
Krydret svinekød med pickles 153
Svinekød med blommesauce 154
Svinekød med rejer 154
Rødt svinekød 155
Svinekød i rød sauce 156
Svinekød med risnudler 158
Rige svineboller 160
Ristede svinekoteletter 161
krydret svinekød 162
Glade flæskeskiver 163
Svinekød med spinat og gulerødder 164
dampet svinekød 165
Stegt flæsk 166
Svinekød med sød kartoffel 167
Bittersød svinekød 168

salt svinekød 169
Svinekød med tofu 170
blødt svinekød 171
To gange Pig 172
Svinekød med grøntsager 173
Svinekød med nødder 174
svinekød wontons 175
Svinekød med vandkastanjer 175
Svinekød og rejer Wontons 176
Dampede hakkede frikadeller 177
Ribben med sorte bønnesauce 178
braiserede korte ribben 179
Brændt ahornkotelet 180
Stegte koteletter 181
Ribben med porre 182
Ribben med svampe 183
Ribben med appelsin 184
ananas kotelet 185
Sprød rejekotelet 186
Ribben med risvin 188
Ribben med sesamfrø 189
Koteletter med sursød sauce 190
Braiseret ribben 192
Ribben med tomat 193
Grillstegt flæsk 194
Kold flæsk med sennep 195
Kinesisk flæskesteg 196
Svinekød med spinat 197
stegte flæskekugler 198
Æggeruller med svinekød og rejer 199
Dampet hakket svinekød 201
Stegt flæsk med krabbekød 202
Svinekød med bønnespirer 203
beruset gris 204
dampet svinelår 205
Flæskesteg med grøntsager 207

To gange Pig 209
Svinekød Nyrer med Mangetout 210
Rød skinke med kastanjer 212
Stegt skinke og æggekugler 213
Skinke og ananas 214
Frittata med skinke og spinat 215

Kylling med bambusskud

Serverer 4 portioner

45 ml / 3 spsk jordnøddeolie (peanut)
1 fed hvidløg, knust
1 skalotteløg (spidskål), hakket
1 skive ingefærrod, hakket
225 g / 8 oz kyllingebryst, skåret i skiver
225 g / 8 oz bambusskud, skåret i skiver
45 ml / 3 spsk sojasovs
15 ml / 1 spsk risvin eller tør sherry
5 ml / 1 tsk majsmel (majsstivelse)

Varm olien op og steg hvidløg, skalotteløg og ingefær let gyldne. Tilsæt kyllingen og svits i 5 minutter. Tilsæt bambusskud og sauter i 2 minutter. Tilsæt sojasovsen, vin eller sherry og majsmel og svits i cirka 3 minutter, indtil kyllingen er gennemstegt.

dampet skinke

Serverer 6-8

900 g / 2 lb frisk skinke

30 ml / 2 spsk brun farin

60 ml / 4 spsk risvin eller tør sherry

Læg skinken i et varmefast fad på en rist, dæk til og damp i kogende vand i ca 1 time. Tilsæt sukker og vin eller sherry til fadet, læg låg på og damp i yderligere 1 time, eller indtil skinken er gennemstegt. Lad det køle af i skålen inden det skæres i skiver.

bacon med kål

Serverer 4 portioner

4 strimler stribet bacon, skrællet og hakket

2,5 ml/½ tsk salt

1 skive ingefærrod, hakket

½ kål, hakket

75 ml / 5 spsk hønsebouillon

15 ml / 1 spsk østerssauce

Steg baconen sprød, og tag den derefter af panden. Tilsæt salt og ingefær og svits i 2 minutter. Tilsæt kålen og rør godt rundt, rør derefter baconen i og tilsæt fonden, læg låg på og kog i cirka 5 minutter, indtil kålen er mør, men stadig lidt sprød. Tilsæt østerssaucen, læg låg på og kog i 1 minut før servering.

Mandel kylling

Serverer 4-6

375 ml / 13 fl oz / 1 ½ dl hønsefond

60 ml / 4 spsk risvin eller tør sherry

45 ml / 3 spsk majsmel (majsstivelse)

15 ml / 1 spsk sojasovs

4 kyllingebryst

1 æggehvide

2,5 ml/½ tsk salt

fritureolie

75 g / 3 oz / ½ kop blancherede mandler

1 stor gulerod i tern

5 ml/1 tsk revet ingefærrod

6 forårsløg (spidskål), skåret i skiver

3 selleristængler, skåret i skiver

100 g/4 oz svampe, skåret i skiver

100 g / 4 oz bambusskud, skåret i skiver

Kom bouillon, halvdelen af vinen eller sherryen, 30 ml/2 spsk majsmel og sojasovs i en gryde. Bring det i kog under omrøring og kog i 5 minutter, indtil blandingen tykner. Fjern fra varmen og hold varm.

Fjern skind og ben fra kyllingen og skær den i 2,5 cm/1 cm stykker. Rør resterende vin eller sherry og majsmel, æggehvide og salt i, tilsæt kyllingestykker og rør godt. Varm olien op og steg kyllingestykkerne, et par ad gangen, i cirka 5 minutter, til de er gyldenbrune. Tør godt. Fjern alt undtagen 30 ml / 2 spsk olie fra panden og steg mandlerne i 2 minutter, indtil de er gyldenbrune. Tør godt. Tilsæt gulerod og ingefær på panden og steg i 1 minut. Tilsæt de resterende grøntsager og steg i cirka 3 minutter, indtil grøntsagerne er møre, men stadig sprøde. Kom kyllingen og mandlerne tilbage i gryden med saucen og rør ved moderat varme i et par minutter, indtil de er gennemvarme.

Kylling med mandler og vandkastanjer

Serverer 4 portioner

6 kinesiske tørrede svampe

4 stykker kylling, udbenet

100 g / 4 oz malede mandler

salt og friskkværnet peber

60 ml / 4 spsk jordnøddeolie (peanut)

100 g / 4 oz vandkastanjer, skåret i skiver

75 ml / 5 spsk hønsebouillon

30 ml / 2 spsk sojasovs

Udblød svampene i varmt vand i 30 minutter og afdryp. Kassér stilkene og skær toppen af. Skær kyllingen i tynde skiver. Krydr mandlerne rigeligt med salt og peber og læg kyllingeskiverne i mandlerne. Varm olien op og steg kyllingen, indtil den er let brunet. Tilsæt svampe, vandkastanjer, bouillon og sojasovs, bring det i kog, læg låg på og kog i et par minutter, indtil kyllingen er gennemstegt.

Kylling med mandler og grøntsager

Serverer 4 portioner

75 ml / 5 spsk jordnøddeolie (peanut)

4 skiver ingefærrod, hakket

5 ml/1 tsk salt

100 g / 4 oz kinakål, hakket

50 g / 2 oz bambusskud, skåret i tern

50 g/2 oz champignon i tern

2 selleristængler, skåret i tern

3 vandkastanjer i tern

120 ml / 4 fl oz / ½ kop hønsefond

225 g / 8 oz kyllingebryst, skåret i tern

15 ml / 1 spsk risvin eller tør sherry

50 g / 2 oz mangetout (ærter)

100 g/4 oz mandler i flager, ristede

10 ml / 2 tsk majsmel (majsstivelse)

15 ml / 1 spsk vand

Varm halvdelen af olien op og steg ingefær og salt i 30 sekunder. Tilsæt kål, bambusskud, svampe, selleri og vandkastanjer og sauter i 2 minutter. Tilsæt bouillon, bring det i kog, læg låg på og kog i 2 minutter. Fjern grøntsagerne og saucen fra gryden. Varm den resterende olie op og steg kyllingen i 1 minut. Tilsæt vin eller sherry og steg i 1 minut. Kom grøntsagerne tilbage i gryden med mangetout og mandler og kog i 30 sekunder. Pisk majsmel og vand sammen, indtil det danner en pasta, rør i saucen og kog under omrøring, indtil saucen tykner.

anis kylling

Serverer 4 portioner

75 ml / 5 spsk jordnøddeolie (peanut)

2 løg, hakket

1 fed hvidløg, hakket

2 skiver ingefærrod, hakket

15 ml / 1 spsk almindeligt mel (all-purpose)

30ml/2 spsk karrypulver

450 g/1 pund kylling i tern

15 ml / 1 spsk sukker

30 ml / 2 spsk sojasovs

450 ml / ¾ pt / 2 kopper hønsebouillon

2 nelliker stjerneanis

225 g / 8 oz kartofler i tern

Varm halvdelen af olien op og steg løgene, indtil de er let brune, og tag dem derefter af panden. Varm den resterende olie op og steg hvidløg og ingefær i 30 sekunder. Tilsæt mel og karry og kog i 2 minutter. Kom løgene tilbage i gryden, tilsæt kyllingen og svits i 3 minutter. Tilsæt sukker, sojasovs, bouillon og anis, bring det i kog, læg låg på og kog i 15 minutter. Tilsæt kartoflerne, bring det i kog, læg låg på og kog i yderligere 20 minutter, indtil de er møre.

kylling med abrikos

Serverer 4 portioner

4 stykker kylling
salt og friskkværnet peber
knivspids malet ingefær
60 ml / 4 spsk jordnøddeolie (peanut)
225 g / 8 oz dåse abrikoser, halveret
300 ml / ½ pt / 1¼ kopper sød og sur sauce
30 ml/2 spsk mandler i skiver, ristede

Krydr kyllingen med salt, peber og ingefær. Varm olien op og steg kyllingen, indtil den er let brunet. Dæk til og kog i cirka 20 minutter, indtil de er møre, vend lejlighedsvis. Dræn olien af. Tilsæt abrikoser og sauce til gryden, bring i kog, læg låg på og kog langsomt i cirka 5 minutter, eller indtil de er gennemvarme. Pynt med laminerede mandler.

Kylling med asparges

Serverer 4 portioner

45 ml / 3 spsk jordnøddeolie (peanut)

5 ml/1 tsk salt

1 fed hvidløg, knust

1 skalotteløg (spidskål), hakket

1 kyllingebryst, skåret i skiver

30 ml / 2 spsk sort bønnesauce

350 g / 12 oz asparges, skåret i 2,5 cm / 1 stykke

120 ml / 4 fl oz / ½ kop hønsefond

5 ml/1 tsk sukker

15 ml / 1 spsk majsmel (majsstivelse)

45 ml / 3 spsk vand

Varm halvdelen af olivenolien op og steg salt, hvidløg og purløg til de er let gyldne. Tilsæt kyllingen og steg til den er let brunet. Tilsæt den sorte bønnesauce og rør rundt for at dække kyllingen. Tilsæt asparges, bouillon og sukker, bring det i kog, læg låg på og kog i 5 minutter, indtil kyllingen er mør. Pisk majsmel og vand sammen, indtil der dannes en pasta, rør i gryden og kog under omrøring, indtil saucen er klar og tyknet.

Kylling med aubergine

Serverer 4 portioner

225 g / 8 oz kylling, skåret i skiver

15 ml / 1 spsk sojasovs

15 ml / 1 spsk risvin eller tør sherry

15 ml / 1 spsk majsmel (majsstivelse)

1 aubergine (aubergine), skrællet og skåret i strimler

30 ml / 2 spsk jordnøddeolie (peanut)

2 tørrede røde peberfrugter

2 fed hvidløg, knust

75 ml / 5 spsk hønsebouillon

Læg kyllingen i en skål. Pisk sojasovs, vin eller sherry og majsmel sammen, bland i kyllingen og lad det stå i 30 minutter. Blancher auberginen i kogende vand i 3 minutter og dryp godt af. Varm olien op og steg peberfrugterne til de er mørke, fjern dem og kassér dem. Tilsæt hvidløg og kylling og svits indtil let brunet. Tilsæt bouillon og aubergine, bring i kog, læg låg på og kog i 3 minutter under omrøring af og til.

Kylling og bacon wrap

Serverer 4-6

225 g/8 oz kylling i tern

30 ml / 2 spsk sojasovs

15 ml / 1 spsk risvin eller tør sherry

5 ml/1 tsk sukker

5 ml/1 tsk sesamolie

salt og friskkværnet peber

225 g / 8 oz baconskiver

1 let pisket æg

100 g / 4 oz almindeligt mel (all-purpose)

fritureolie

4 tomater, skåret i skiver

Bland kyllingen med sojasovsen, vin eller sherry, sukker, sesamolie, salt og peber. Dæk til og mariner i 1 time, rør af og til, fjern derefter kyllingen og kassér marinaden. Skær baconen i stykker og vikl om kyllingeternerne. Pisk æggene sammen med melet til en tyk dej, tilsæt eventuelt lidt mælk. Dyp ternene i dejen. Varm olien op og steg ternene gyldne og kogte. Server pyntet med tomater.

Kylling med bønnespirer

Serverer 4 portioner

45 ml / 3 spsk jordnøddeolie (peanut)

1 fed hvidløg, knust

1 skalotteløg (spidskål), hakket

1 skive ingefærrod, hakket

225 g / 8 oz kyllingebryst, skåret i skiver

225 g / 8 oz bønnespirer

45 ml / 3 spsk sojasovs

15 ml / 1 spsk risvin eller tør sherry

5 ml / 1 tsk majsmel (majsstivelse)

Varm olien op og steg hvidløg, skalotteløg og ingefær let gyldne. Tilsæt kyllingen og svits i 5 minutter. Tilsæt bønnespirerne og sauter i 2 minutter. Tilsæt sojasovsen, vin eller sherry og majsmel og svits i cirka 3 minutter, indtil kyllingen er gennemstegt.

Kylling med sorte bønnesauce

Serverer 4 portioner

30 ml / 2 spsk jordnøddeolie (peanut)
5 ml/1 tsk salt
30 ml / 2 spsk sort bønnesauce
2 fed hvidløg, knust
450 g/1 pund kylling i tern
250 ml / 8 fl oz / 1 kop bouillon
1 grøn peberfrugt i tern
1 hakket løg
15 ml / 1 spsk sojasovs
friskkværnet peber
15 ml / 1 spsk majsmel (majsstivelse)
45 ml / 3 spsk vand

Varm olien op og steg salt, sorte bønner og hvidløg i 30 sekunder. Tilsæt kyllingen og steg til den er let brunet. Tilsæt bouillon, bring det i kog, læg låg på og kog i 10 minutter. Tilsæt peberfrugt, løg, sojasovs og peber, læg låg på og kog i yderligere 10 minutter. Pisk majsmel og vand sammen, indtil det danner en pasta, rør i saucen og kog under omrøring, indtil saucen tykner og kyllingen er mør.

kylling med broccoli

Serverer 4 portioner

450 g/1 lb kyllingekød, i tern

225 g / 8 oz kyllingelever

45 ml / 3 spsk almindeligt mel (all-purpose)

45 ml / 3 spsk jordnøddeolie (peanut)

1 løg, i tern

1 rød peberfrugt i tern

1 grøn peberfrugt i tern

225 g broccolibuketter

4 ananasskiver i tern

30 ml / 2 spsk tomatpuré (pasta)

30ml/2 spsk hoisinsauce

30 ml/2 spsk honning

30 ml / 2 spsk sojasovs

300 ml / ½ pt / 1 ¼ kopper hønsebouillon

10 ml/2 tsk sesamolie

Dryp kylling og kyllingelever i mel. Varm olien op og steg leveren i 5 minutter, og tag den derefter af panden. Tilsæt kyllingen, læg låg på og steg ved moderat varme i 15 minutter under omrøring af og til. Tilsæt grøntsagerne og ananas og sauter i 8 minutter. Kom leverne tilbage i wokken, tilsæt de resterende ingredienser og bring det i kog. Kog under omrøring, indtil saucen tykner.

Kylling med kål og peanuts

Serverer 4 portioner

45 ml / 3 spsk jordnøddeolie (peanut)
30 ml / 2 spsk jordnødder
450 g/1 pund kylling i tern
½ kål skåret i firkanter
15 ml / 1 spsk sort bønnesauce
2 røde peberfrugter, hakket
5 ml/1 tsk salt

Varm lidt olie op og steg peanuts i et par minutter under konstant omrøring. Fjern, dræn og knus. Varm den resterende olie op og steg kylling og kål, indtil de er let brunede. Fjern fra panden. Tilsæt den sorte bønne og chilisauce og sauter i 2 minutter. Kom kyllingen og kålen tilbage i gryden med de knuste peanuts og smag til med salt. Steg til det er varmt og server med det samme.

Kylling med cashewnødder

Serverer 4 portioner

30 ml / 2 spsk sojasovs

30 ml / 2 spsk majsmel (majsstivelse)

15 ml / 1 spsk risvin eller tør sherry

350 g/12 oz kylling i tern

45 ml / 3 spsk jordnøddeolie (peanut)

2,5 ml/½ tsk salt

2 fed hvidløg, knust

225 g / 8 oz svampe, skåret i skiver

100 g / 4 oz vandkastanjer, skåret i skiver

100 g bambusskud

50 g / 2 oz mangetout (ærter)

225 g / 8 oz / 2 kopper cashewnødder

300 ml / ½ pt / 1¼ kopper hønsebouillon

Pisk sojasovs, majsmel og vin eller sherry sammen, hæld kyllingen over, læg låg på og mariner i mindst 1 time. Varm 30 ml/2 spsk olie op med salt og hvidløg og steg, indtil hvidløget er let brunet. Tilsæt kyllingen med marinaden og steg i 2 minutter, indtil kyllingen er let brunet. Tilsæt svampe, vandkastanjer, bambusskud og mangetout og sauter i 2 minutter. Varm imens den resterende olie op i en separat pande og steg cashewnødderne ved svag varme i et par minutter, indtil de er gyldenbrune. Kom dem i gryden med bouillon, bring dem i kog, læg låg på og kog i 5 minutter. Hvis saucen ikke tykner nok, så rør lidt majsmel i blandet med en skefuld vand og rør, indtil saucen tykner og bliver lys.

kylling med kastanjer

Serverer 4 portioner

225 g / 8 oz kylling, skåret i skiver

5 ml/1 tsk salt

15 ml / 1 spsk sojasovs

fritureolie

250 ml / 8 fl oz / 1 kop kyllingebouillon

200 g / 7 oz vandkastanjer, hakket

225 g kastanjer, hakket

225 g / 8 oz svampe, skåret i kvarte

15ml/1 spsk hakket frisk persille

Drys kyllingen med salt og sojasovs og gnid den godt ind i kyllingen. Varm olien op og steg kyllingen, til den er gyldenbrun, fjern den og afdryp den. Kom kyllingen i en gryde med bouillon, bring det i kog og kog i 5 minutter. Tilsæt vandkastanjer, kastanjer og svampe, læg låg på og kog i ca. 20 minutter, indtil det hele er mørt. Server pyntet med persille.

Varm chili-kylling

Serverer 4 portioner

350 g/1 lb kyllingekød, i tern

1 æg, let pisket

10 ml/2 tsk sojasovs

2,5 ml/½ tsk majsmel (majsstivelse)

fritureolie

1 grøn peberfrugt i tern

4 fed hvidløg, knust

2 røde peberfrugter, hakket

5ml/1 tsk friskkværnet peber

5 ml/1 tsk vineddike

5 ml/1 tsk vand

2,5 ml/½ tsk sukker

2,5 ml/½ tsk chiliolie

2,5 ml/½ tsk sesamolie

Bland kyllingen med ægget, halvdelen af soyasovsen og majsmelet og lad det hvile i 30 minutter. Varm olien op og steg kyllingen gylden og dryp godt af. Hæld alt undtagen 15 ml/1 spsk olie fra panden, tilsæt chili, hvidløg og chili og steg i 30 sekunder. Tilsæt peber, vineddike, vand og sukker og steg i 30 sekunder. Kom kyllingen tilbage i gryden og steg i et par minutter, indtil den er gennemstegt. Server drysset med sesamolie og peber.

Stegt kylling med peber

Serverer 4 portioner

225 g / 8 oz kylling, skåret i skiver

2,5 ml/½ tsk sojasovs

2,5 ml/½ tsk sesamolie

2,5 ml/½ tsk risvin eller tør sherry

5 ml / 1 tsk majsmel (majsstivelse)

salt

45 ml / 3 spsk jordnøddeolie (peanut)

100 g/4 oz spinat

4 forårsløg (spidskål), hakket

2,5 ml/½ tsk chilipulver

15 ml / 1 spsk vand

1 tomat, skåret i skiver

Vend kyllingen med sojasovsen, sesamolie, vin eller sherry, halvdelen af majsmelet og en knivspids salt. Lad det hvile i 30 minutter. Opvarm 15 ml / 1 spsk olie og steg kyllingen, indtil den er let brunet. Fjern fra wok. Varm 15 ml/1 spsk olie op og steg spinaten, indtil den er visnet, og tag den ud af wokken. Varm den resterende olie op og steg spidskål, chilipulver, vand og resterende majsmel i 2 minutter. Tilsæt kyllingen og sauter hurtigt. Anret spinaten på en varm tallerken, top med kyllingen og server pyntet med tomater.

Kyllingekotelet Suey

Serverer 4 portioner

100 g / 4 oz kinesiske blade, hakket

100 g / 4 oz bambusskud, skåret i strimler

60 ml / 4 spsk jordnøddeolie (peanut)

3 forårsløg (spidskål), skåret i skiver

2 fed hvidløg, knust

1 skive ingefærrod, hakket

225 g / 8 oz kyllingebryst, skåret i strimler

45 ml / 3 spsk sojasovs

15 ml / 1 spsk risvin eller tør sherry

5 ml/1 tsk salt

2,5 ml/½ tsk sukker

friskkværnet peber

15 ml / 1 spsk majsmel (majsstivelse)

Blancher kinesiske blade og bambusskud i kogende vand i 2 minutter. Dræn og tør. Varm 45 ml / 3 spsk olie op og steg løg, hvidløg og ingefær let gyldne. Tilsæt kyllingen og svits i 4 minutter. Fjern fra panden. Varm den resterende olie op og steg grøntsagerne i 3 minutter. Tilsæt kylling, sojasovs, vin eller sherry, salt, sukker og en knivspids peber og sauter i 1 minut. Bland majsmelet med lidt vand, rør i saucen og kog under omrøring, indtil saucen er lysnet og tyknet.

kylling chow mein

Serverer 4 portioner

30 ml / 2 spsk jordnøddeolie (peanut)

2 fed hvidløg, knust

450 g/1 pund kylling, skåret i skiver

225 g / 8 oz bambusskud, skåret i skiver

100 g selleri, skåret i skiver

225 g / 8 oz svampe, skåret i skiver

450 ml / ¾ pt / 2 kopper hønsebouillon

225 g / 8 oz bønnespirer

4 løg, skåret i tern

30 ml / 2 spsk sojasovs

30 ml / 2 spsk majsmel (majsstivelse)

225 g tørrede kinesiske nudler

Varm olien op med hvidløget, indtil det er let brunet, tilsæt derefter kyllingen og steg i 2 minutter, indtil det er let brunet. Tilsæt bambusskud, selleri og svampe og sauter i 3 minutter. Tilsæt det meste af bouillonen, bring det i kog, læg låg på og kog i 8 minutter. Tilsæt bønnespirer og løg og kog i 2 minutter under omrøring, indtil der er lidt bouillon tilbage. Bland den resterende bouillon med sojasovsen og majsmel. Rør i gryden og kog under omrøring, indtil saucen er blevet lysere og tyknet.

I mellemtiden koger du pastaen i kogende saltet vand i et par minutter efter pakkens anvisning. Dræn godt af, vend med kyllingeblandingen og server straks.

Sprødstegt krydret kylling

Serverer 4 portioner

450 g/1 lb kyllingekød, skåret i stykker

30 ml / 2 spsk sojasovs

30 ml / 2 spsk blommesauce

45 ml/3 spsk mango chutney

1 fed hvidløg, knust

2,5 ml/½ tsk pulveriseret ingefær

et par dråber brandy

30 ml / 2 spsk majsmel (majsstivelse)

2 æg, pisket

100 g / 4 oz / 1 kop tørre brødkrummer

30 ml / 2 spsk jordnøddeolie (peanut)

6 forårsløg (spidskål), hakket
1 rød peberfrugt i tern
1 grøn peberfrugt i tern
30 ml / 2 spsk sojasovs
30 ml/2 spsk honning
30ml/2 spsk vineddike

Læg kyllingen i en skål. Kombiner saucer, chutney, hvidløg, ingefær og brandy, hæld over kyllingen, læg låg på og mariner i 2 timer. Dræn kyllingen og drys derefter med majsmel. Dyp i æg og derefter i rasp. Varm olien op og steg kyllingen til den er gyldenbrun. Fjern fra panden. Tilsæt grøntsagerne og svits i 4 minutter og fjern. Hæld olien fra gryden og kom kyllingen og grøntsagerne tilbage i gryden med de resterende ingredienser. Bring i kog og varm op inden servering.

Stegt kylling med agurk

Serverer 4 portioner

225 g / 8 oz kyllingekød

1 æggehvide

2,5 ml/½ tsk majsmel (majsstivelse)

salt

½ agurk

30 ml / 2 spsk jordnøddeolie (peanut)

100 g knapsvampe

50 g / 2 oz bambusskud, skåret i strimler

50 g/2 oz skinke, i tern

15 ml / 1 spsk vand

2,5 ml/½ tsk salt

2,5 ml/½ tsk risvin eller tør sherry

2,5 ml/½ tsk sesamolie

Skær kyllingen i skiver og skær den i stykker. Bland med æggehviden, majsmel og salt og lad det hvile. Skær agurken i halve på langs og skær diagonalt i tykke skiver. Varm olien op og steg kyllingen, indtil den er let brunet, og tag den derefter af panden. Tilsæt agurk og bambusskud og svits i 1 minut. Kom kyllingen tilbage i gryden med skinke, vand, salt og vin eller sherry. Bring i kog og kog indtil kyllingen er mør. Server drysset med sesamolie.

Kylling karry med peber

Serverer 4 portioner

120 ml / 4 fl oz / ½ kop jordnøddeolie (peanut)

4 stykker kylling

1 hakket løg

5ml/1 tsk karrypulver

5 ml / 1 tsk chilisauce

15 ml / 1 spsk risvin eller tør sherry

2,5 ml/½ tsk salt

600 ml / 1 pt / 2½ kopper hønsefond

15 ml / 1 spsk majsmel (majsstivelse)

45 ml / 3 spsk vand

5 ml/1 tsk sesamolie

Varm olien op og steg kyllingestykkerne til de er gyldenbrune på begge sider og tag dem af panden. Tilsæt løg, karry og chilisauce og svits i 1 minut. Tilsæt vin eller sherry og salt, rør godt rundt, og vend derefter kyllingen tilbage i gryden og rør igen. Tilsæt bouillon, bring det i kog og kog langsomt i cirka 30 minutter, indtil kyllingen er mør. Hvis saucen ikke er reduceret nok, blandes majsmel og vand til en pasta, røres lidt i saucen og koges under omrøring, indtil saucen tykner. Server drysset med sesamolie.

kinesisk kylling karry

Serverer 4 portioner

45ml/3 spsk karrypulver
1 løg, skåret i skiver
350 g/12 oz kylling i tern
150 ml/¼ pt/generøs ½ kop hønsebouillon
5 ml/1 tsk salt
10 ml / 2 tsk majsmel (majsstivelse)
15 ml / 1 spsk vand

Varm karry og løg i en tør pande i 2 minutter, ryst panden for at dække løget. Tilsæt kyllingen og rør, indtil karryen er godt dækket af. Tilsæt bouillon og salt, bring det i kog, læg låg på og kog i cirka 5 minutter, indtil kyllingen er mør. Pisk majsmel og vand sammen, indtil der dannes en pasta, rør i gryden og kog under omrøring, indtil saucen tykner.

Hurtig karry kylling

Serverer 4 portioner

450 g/1 lb kyllingebryst, skåret i tern

45 ml / 3 spsk risvin eller tør sherry

50 g majsmel (majsstivelse)

1 æggehvide

salt

150 ml/¼ pt/generøs ½ kop jordnøddeolie (peanut)

15ml/1 spsk karrypulver

10 ml / 2 tsk brun farin

150 ml/¼ pt/generøs ½ kop hønsebouillon

Rør kyllingetern og sherry i. Reserver 10 ml/2 tsk majsmel. Pisk æggehviderne med det resterende majsmel og en knivspids salt, og rør derefter i kyllingen, indtil den er godt dækket. Varm olien op og steg kyllingen til den er gennemstegt og gyldenbrun. Fjern fra panden og dræn alt undtagen 15 ml/1 spsk olie. Tilsæt det reserverede majsmel, karry og sukker og steg i 1 minut. Tilsæt bouillon, bring det i kog og kog under konstant omrøring, indtil saucen tykner. Kom kyllingen tilbage i gryden, vend rundt og varm den op igen inden servering.

Kylling karry med kartofler

Serverer 4 portioner

45 ml / 3 spsk jordnøddeolie (peanut)

2,5 ml/½ tsk salt

1 fed hvidløg, knust

750 g / 1½ lb kylling i tern

225 g / 8 oz kartofler i tern

4 løg, skåret i tern

15ml/1 spsk karrypulver

450 ml / ¾ pt / 2 kopper hønsebouillon

225 g / 8 oz svampe, skåret i skiver

Varm olien op med salt og hvidløg, tilsæt kyllingen og steg til den er let brunet. Tilsæt kartofler, løg og karry og steg i 2 minutter. Tilsæt bouillon, bring det i kog, læg låg på og kog i cirka 20 minutter, indtil kyllingen er gennemstegt, rør af og til. Tilsæt svampene, tag låget af og kog i yderligere 10 minutter, indtil væsken er reduceret.

Stegt kyllingelår

Serverer 4 portioner

2 store kyllingelår, udbenet

2 forårsløg (spidskål)

1 skive ingefær, pisket fladt

120 ml / 4 fl oz / ½ kop sojasovs

5 ml/1 tsk risvin eller tør sherry

fritureolie

5 ml/1 tsk sesamolie

friskkværnet peber

Fordel kyllingekødet og marker det hele. Pisk 1 purløg og hak den anden. Bland den flade purløg med ingefær, sojasovs og vin eller sherry. Hæld kyllingen over og mariner i 30 minutter. Fjern og dræn. Læg på en tallerken på en damprist og damp i 20 minutter.

Varm olien op og steg kyllingen i cirka 5 minutter, indtil den er gyldenbrun. Tag dem op af gryden, dræn godt af og skær dem i tykke skiver, og anbring derefter skiverne på en opvarmet tallerken. Varm sesamolien op, tilsæt hakket purløg og peber, hæld over kyllingen og server.

Stegt kylling med karrysauce

Serverer 4 portioner

1 æg, let pisket

30 ml / 2 spsk majsmel (majsstivelse)

25 g / 1 oz / ¼ kop almindeligt mel (all-purpose)

2,5 ml/½ tsk salt

225 g/8 oz kylling i tern

fritureolie

30 ml / 2 spsk jordnøddeolie (peanut)

30ml/2 spsk karrypulver

60 ml / 4 spsk risvin eller tør sherry

Pisk ægget med majsmel, mel og salt, indtil du får en tyk dej. Hæld kyllingen over og rør godt rundt. Varm olien op og steg kyllingen til den er gyldenbrun og gennemstegt. Varm imens olien op og steg karrypulveret i 1 minut. Tilsæt vin eller sherry og bring det i kog. Læg kyllingen på en varm tallerken og hæld karrysaucen over.

beruset kylling

Serverer 4 portioner

450 g/1 lb kyllingefilet, skåret i stykker

60 ml / 4 spsk sojasovs

30ml/2 spsk hoisinsauce

30 ml / 2 spsk blommesauce

30ml/2 spsk vineddike

2 fed hvidløg, knust

knivspids salt

et par dråber chiliolie

2 æggehvider

60 ml / 4 spsk majsmel (majsstivelse)

fritureolie

200 ml / ½ pt / 1 ¼ kopper risvin eller tør sherry

Læg kyllingen i en skål. Bland saucer og vineddike, hvidløg, salt og peberolie, hæld over kyllingen og mariner i køleskabet i 4 timer. Pisk æggehviderne stive og vend dem i majsmelet. Fjern kyllingen fra marinaden og overtræk med æggehvideblandingen. Varm olien op og steg kyllingen til den er gennemstegt og gyldenbrun. Dræn godt af på køkkenpapir og kom i en skål. Hæld vinen eller sherryen over, læg låg på og mariner i køleskabet i 12 timer. Fjern kyllingen fra vinen og server kold.

Saltet kylling med æg

Serverer 4 portioner

30 ml / 2 spsk jordnøddeolie (peanut)

4 stykker kylling

2 forårsløg (spidskål), hakket

1 fed hvidløg, knust

1 skive ingefærrod, hakket

175 ml / 6 fl oz / ¾ kop sojasovs

30 ml / 2 spsk risvin eller tør sherry

30 ml / 2 spsk brun farin

5 ml/1 tsk salt

375 ml / 13 fl oz / 1½ kopper vand

4 kogte æg (hårde)

15 ml / 1 spsk majsmel (majsstivelse)

Varm olien op og steg kyllingestykkerne til de er gyldenbrune. Tilsæt skalotteløg, hvidløg og ingefær og steg i 2 minutter. Tilsæt sojasovsen, vin eller sherry, sukker og salt og rør godt. Tilsæt vand og bring det i kog, dæk til og kog i 20 minutter. Tilsæt hårdkogte æg, læg låg på og kog i yderligere 15 minutter. Bland majsmelet med lidt vand, rør i saucen og kog under omrøring, indtil saucen er lysnet og tyknet.

kyllingæggeruller

Serverer 4 portioner

4 kinesiske tørrede svampe

100 g/4 oz kylling, skåret i strimler

5 ml / 1 tsk majsmel (majsstivelse)

15 ml / 1 spsk sojasovs

2,5 ml/½ tsk salt

2,5 ml/½ tsk sukker

60 ml / 4 spsk jordnøddeolie (peanut)

225 g / 8 oz bønnespirer

3 forårsløg (spidskål), hakket

100 g/4 oz spinat

12 æggerulleskind

1 æg, pisket

fritureolie

Udblød svampene i varmt vand i 30 minutter og afdryp. Kassér stilkene og hak toppen. Læg kyllingen i en skål. Bland majsmel med 5 ml/1 tsk sojasovs, salt og sukker og bland i kylling. Lad det hvile i 15 minutter. Varm halvdelen af olien op og steg kyllingen, indtil den er let brunet. Blancher bønnespirerne i kogende vand i 3 minutter og afdryp. Varm den resterende olie op og steg skalotteløgene, indtil de er let brune. Rør svampe, bønnespirer, spinat og den resterende sojasovs i. Tilsæt kyllingen og svits i 2 minutter. Lad afkøle. Læg lidt fyld i midten af hvert skind og pensl kanterne med sammenpisket æg. Fold siderne og rul æggerullerne, forsegl kanterne med æg. Varm olien op og steg æggerullerne til de er sprøde og gyldne.

Stegt kylling med æg

Serverer 4 portioner

30 ml / 2 spsk jordnøddeolie (peanut)

4 kyllingebrystfileter skåret i strimler

1 rød peberfrugt, skåret i strimler

1 grøn peberfrugt, skåret i strimler

45 ml / 3 spsk sojasovs

45 ml / 3 spsk risvin eller tør sherry

250 ml / 8 fl oz / 1 kop kyllingebouillon

100 g / 4 oz icebergsalat, strimlet

5 ml / 1 tsk brun farin

30ml/2 spsk hoisinsauce

salt og peber

15 ml / 1 spsk majsmel (majsstivelse)

30 ml / 2 spsk vand

4 æg

30 ml / 2 spsk sherry

Varm olien op og steg kyllingen og peberfrugten gyldenbrun. Tilsæt sojasovsen, vin eller sherry og bouillon, bring det i kog, læg låg på og lad det simre i 30 minutter. Tilsæt salat, sukker og hoisinsauce og smag til med salt og peber. Kombiner majsmel og vand, rør i saucen og bring det i kog under omrøring. Pisk æg med sherry og steg som tynde omeletter. Drys med salt og peber og skær i strimler. Anret på et opvarmet fad og hæld over kyllingen.

kylling fra fjernøsten

Serverer 4 portioner

60 ml / 4 spsk jordnøddeolie (peanut)

450 g/1 lb kyllingekød, skåret i stykker

2 fed hvidløg, knust

2,5 ml/½ tsk salt

2 løg, hakket

2 stykker hakket ingefærstilk

45 ml / 3 spsk sojasovs

30ml/2 spsk hoisinsauce

45 ml / 3 spsk risvin eller tør sherry

300 ml / ½ pt / 1¼ kopper hønsebouillon

5ml/1 tsk friskkværnet peber

6 hårdkogte æg, hakket

15 ml / 1 spsk majsmel (majsstivelse)

15 ml / 1 spsk vand

Varm olien op og steg kyllingen til den er gyldenbrun. Tilsæt hvidløg, salt, løg og ingefær og steg i 2 minutter. Tilsæt sojasauce, hoisinsauce, vin eller sherry, bouillon og peber. Bring i kog, læg låg på og kog i 30 minutter. Tilsæt æggene. Kombiner majsmel og vand og bland i saucen. Bring i kog og kog under omrøring, indtil saucen tykner.

Kylling Foo Yung

Serverer 4 portioner

6 sammenpisket æg

45 ml / 3 spsk majsmel (majsstivelse)

100 g/4 oz svampe, groft hakkede

225 g / 8 oz kyllingebryst, skåret i tern

1 løg, finthakket

5 ml/1 tsk salt

45 ml / 3 spsk jordnøddeolie (peanut)

Pisk æggene og derefter majsmel. Bland alle de resterende ingredienser undtagen olie. Varm olien op. Hæld blandingen i gryden lidt ad gangen for at lave små pandekager omkring 3 centimeter i diameter. Kog til bunden er brunet, vend og steg den anden side.

Skinke og kylling Foo Yung

Serverer 4 portioner

6 sammenpisket æg

45 ml / 3 spsk majsmel (majsstivelse)

100 g/4 oz skinke, skåret i tern

225 g / 8 oz kyllingebryst, skåret i tern

3 forårsløg (spidskål), finthakket

5 ml/1 tsk salt

45 ml / 3 spsk jordnøddeolie (peanut)

Pisk æggene og derefter majsmel. Bland alle de resterende ingredienser undtagen olie. Varm olien op. Hæld blandingen i gryden lidt ad gangen for at lave små pandekager omkring 3 centimeter i diameter. Kog til bunden er brunet, vend og steg den anden side.

Stegt kylling med ingefær

Serverer 4 portioner

1 kylling, halveret

4 skiver ingefærrod, knust

30 ml / 2 spsk risvin eller tør sherry

30 ml / 2 spsk sojasovs

5 ml/1 tsk sukker

fritureolie

Læg kyllingen i en lav skål. Bland ingefær, vin eller sherry, sojasovs og sukker, hæld over kyllingen og gnid ind i huden. Lad det marinere i 1 time. Varm olien op og steg kyllingen, halvt ad gangen, indtil den er let brunet. Fjern olien og lad den køle lidt af, mens olien varmes op. Kom kyllingen tilbage i gryden og steg til den er brunet og gennemstegt. Dræn godt af inden servering.

Kylling med ingefær

Serverer 4 portioner

225 g / 8 oz kylling, skåret i tynde skiver

1 æggehvide

knivspids salt

2,5 ml/½ tsk majsmel (majsstivelse)

15 ml / 1 spsk jordnøddeolie

10 skiver ingefærrod

6 svampe, skåret i halve

1 gulerod, skåret i skiver

2 forårsløg (spidskål), skåret i skiver

5 ml/1 tsk risvin eller tør sherry

5 ml/1 tsk vand

2,5 ml/½ tsk sesamolie

Bland kyllingen med æggehvider, salt og majsmel. Varm halvdelen af olien op og steg kyllingen, indtil den er let brunet, og tag den derefter af panden. Varm den resterende olie op og steg ingefær, champignon, gulerødder og forårsløg i 3 minutter. Kom kyllingen tilbage i gryden med vin eller sherry og vand, og kog indtil kyllingen er mør. Server drysset med sesamolie.

Ingefærkylling med champignon og kastanjer

Serverer 4 portioner

60 ml / 4 spsk jordnøddeolie (peanut)

225 g / 8 oz løg, skåret i skiver

450 g/1 lb kyllingekød, i tern

100 g/4 oz svampe, skåret i skiver

30 ml / 2 spsk almindeligt mel (all-purpose)

60 ml / 4 spsk sojasovs

10 ml / 2 teskefulde sukker

salt og friskkværnet peber

900 ml / 1½ pt / 3¾ kopper varmt vand

2 skiver ingefærrod, hakket

450 g/1 pund vandkastanjer

Varm halvdelen af olien op og steg løgene i 3 minutter, og tag dem derefter af panden. Varm den resterende olie op og steg kyllingen, indtil den er let brunet.

Tilsæt svampene og kog i 2 minutter. Drys blandingen med mel, og rør derefter sojasovsen, sukker, salt og peber i. Hæld vand og ingefær, løg og kastanjer i. Bring i kog, læg låg på og kog langsomt i 20 minutter. Tag låget af og fortsæt med at simre forsigtigt, indtil saucen reduceres.

Gylden kylling

Serverer 4 portioner

8 små stykker kylling

300 ml / ½ pt / 1 ¼ kopper hønsebouillon

45 ml / 3 spsk sojasovs

15 ml / 1 spsk risvin eller tør sherry

5 ml/1 tsk sukker

1 ingefærrod i skiver, hakket

Kom alle ingredienserne i en stor gryde, bring det i kog, læg låg på og kog i cirka 30 minutter, indtil kyllingen er gennemstegt. Tag låget af og fortsæt med at koge, indtil saucen reduceres.

Marineret gylden kyllingegryderet

Serverer 4 portioner

4 stykker kylling

300 ml / ½ pt / 1 ¼ kopper sojasovs

fritureolie

4 forårsløg (spidskål), skåret i tykke skiver

1 skive ingefærrod, hakket

2 røde peberfrugter, skåret i skiver

3 nelliker stjerneanis

50 g / 2 oz bambusskud, skåret i skiver

150 ml/1 ½ pt/generøs ½ kop hønsebouillon

30 ml / 2 spsk majsmel (majsstivelse)

60 ml / 4 spiseskefulde vand

5 ml/1 tsk sesamolie

Skær kyllingen i store stykker og mariner i sojasovs i 10 minutter. Fjern og afdryp, behold sojasovsen. Varm olien op og steg kyllingen i cirka 2 minutter, indtil den er let brunet. Fjern og dræn. Hæld alt undtagen 30 ml/2 spsk olie i, tilsæt derefter forårsløg, ingefær, peber og stjerneanis og steg i 1 minut. Kom kyllingen tilbage i gryden med bambusskuddene og reserveret sojasovs og tilsæt nok bouillon til at dække kyllingen. Bring det i kog og kog i cirka 10 minutter, indtil kyllingen er mør. Fjern kyllingen fra saucen med en hulske og læg den på et lunt fad. Si saucen og kom den tilbage i gryden. Pisk majsmel og vand sammen, indtil det danner en pasta, rør i saucen og kog under omrøring, indtil saucen tykner.

Gyldne mønter

Serverer 4 portioner

4 kyllingebrystfileter

30 ml/2 spsk honning

30ml/2 spsk vineddike

30 ml / 2 spsk tomatketchup (catsup)

30 ml / 2 spsk sojasovs

knivspids salt

2 fed hvidløg, knust

5 ml/1 tsk fem krydderier pulver

45 ml / 3 spsk almindeligt mel (all-purpose)

2 æg, pisket

5 ml/1 tsk revet ingefær

5 ml / 1 tsk revet citronskal

100 g / 4 oz / 1 kop tørre brødkrummer

fritureolie

Læg kyllingen i en skål. Bland honning, vineddike, tomatketchup, sojasauce, salt, hvidløg og pulver med fem krydderier. Hæld kyllingen over, rør godt rundt, læg låg på og mariner i køleskabet i 12 timer.

Fjern kyllingen fra marinaden og skær den i tykke strimler. Drys med mel. Pisk æg, ingefær og citronskal. Dyp kyllingen i blandingen og derefter i brødkrummerne, indtil den er godt dækket. Varm olien op og steg kyllingen til den er gyldenbrun.

Dampet kylling med skinke

Serverer 4 portioner

4 portioner kylling
100 g / 4 oz røget skinke, hakket
3 forårsløg (spidskål), hakket
15 ml / 1 spsk jordnøddeolie
salt og friskkværnet peber
15 ml / 1 spsk fladbladpersille

Skær kyllingeportionerne i 5 cm/1 cm stykker og kom i en varmefast skål med skinke og forårsløg. Drys med olivenolie og smag til med salt og peber, og bland derefter ingredienserne forsigtigt. Stil skålen på en rist i en dampkoger, dæk til og kog i kogende vand i cirka 40 minutter, indtil kyllingen er mør. Server pyntet med persille.

Kylling med Hoisinsauce

Serverer 4 portioner

4 stykker kylling, skåret i halve
50 g / 2 oz / ½ kop majsmel (majsstivelse)
fritureolie
10 ml / 2 tsk revet ingefærrod
2 løg, hakket

225 g broccolibuketter

1 rød peberfrugt, hakket

225 g knapsvampe

250 ml / 8 fl oz / 1 kop kyllingebouillon

45 ml / 3 spsk risvin eller tør sherry

45 ml / 3 spsk cidereddike

45ml/3 spsk hoisinsauce

20 ml/4 tsk sojasovs

Driv kyllingestykkerne i halvdelen af majsmelet. Varm olien op og steg kyllingestykkerne, et par ad gangen, i cirka 8 minutter, til de er brune og gennemstegte. Tag af panden og afdryp på køkkenpapir. Fjern alt undtagen 30 ml/2 spsk olie fra panden og steg ingefæren i 1 minut. Tilsæt løget og svits i 1 minut. Tilsæt broccoli, peber og svampe og svits i 2 minutter. Kombiner bouillon med reserveret majsmel og de resterende ingredienser og tilsæt til gryden. Bring i kog under omrøring og kog indtil saucen er klar. Kom kyllingen tilbage i wokken og kog under omrøring i cirka 3 minutter, indtil den er gennemvarmet.

honning kylling

Serverer 4 portioner

30 ml / 2 spsk jordnøddeolie (peanut)
4 stykker kylling
30 ml / 2 spsk sojasovs
120 ml / 4 fl oz / ½ kop risvin eller tør sherry
30 ml/2 spsk honning
5 ml/1 tsk salt
1 skalotteløg (spidskål), hakket
1 skive ingefærrod, finthakket

Varm olien op og steg kyllingen gyldenbrun på alle sider. Hæld overskydende olie af. Bland de resterende ingredienser og hæld dem i gryden. Bring det i kog, læg låg på og kog i cirka 40 minutter, indtil kyllingen er gennemstegt.

Kung Pao kylling

Serverer 4 portioner
450 g/1 pund kylling i tern
1 æggehvide
5 ml/1 tsk salt
30 ml / 2 spsk majsmel (majsstivelse)
60 ml / 4 spsk jordnøddeolie (peanut)
25 g / 1 oz tørret rød peberfrugt, trimmet
5ml/1 tsk hakket hvidløg
15 ml / 1 spsk sojasovs

15ml/1 spsk risvin eller tør sherry 5ml/1 tsk sukker

5 ml/1 tsk vineddike

5 ml/1 tsk sesamolie

30 ml / 2 spsk vand

Læg kyllingen i en skål med æggehvider, salt og halvdelen af majsmelet og mariner i 30 minutter. Varm olien op og steg kyllingen, indtil den er let brunet, og tag den derefter af panden. Varm olien op igen og steg peberfrugt og hvidløg i 2 minutter. Kom kyllingen tilbage i gryden med sojasovsen, vin eller sherry, sukker, vineddike og sesamolie og steg i 2 minutter. Kombiner det resterende majsmel med vandet, rør i gryden og kog under omrøring, indtil saucen er lysnet og tyknet.

Kylling med porre

Serverer 4 portioner

30 ml / 2 spsk jordnøddeolie (peanut)

5 ml/1 tsk salt

225 g / 8 oz porrer, skåret i skiver

1 skive ingefærrod, hakket

225 g / 8 oz kylling, skåret i tynde skiver

15 ml / 1 spsk risvin eller tør sherry

15 ml / 1 spsk sojasovs

Varm halvdelen af olien op og steg salt og porrer, indtil de er let brunede, og tag dem derefter af panden. Varm den resterende olie op og steg ingefær og kylling, indtil de er let brunede. Tilsæt vin eller sherry og sojasovs og steg i yderligere 2 minutter, indtil kyllingen er gennemstegt. Kom porrerne tilbage i gryden og rør til de er gennemvarme. Server med det samme.

kylling med citron

Serverer 4 portioner

4 udbenede kyllingebryst

2 æg

50 g / 2 oz / ½ kop majsmel (majsstivelse)

50 g / 2 oz / ½ kop almindeligt mel (all-purpose)

150 ml/¼ pt/generøs ½ kop vand

jordnøddeolie (peanut) til stegning

250 ml / 8 fl oz / 1 kop kyllingebouillon

60 ml / 5 spsk citronsaft

30 ml / 2 spsk risvin eller tør sherry
30 ml / 2 spsk majsmel (majsstivelse)
30 ml / 2 spsk tomatpuré (pasta)
1 hoved salat

Skær hvert kyllingebryst i 4 stykker. Pisk æg, majsmel og hvedemel, og tilsæt nok vand til at lave en tyk dej. Læg kyllingestykkerne i dejen og rør til de er godt dækket. Varm olien op og steg kyllingen til den er gyldenbrun og gennemstegt.

Kombiner i mellemtiden bouillon, citronsaft, vin eller sherry, majsmel og tomatpuré og opvarm forsigtigt under omrøring, indtil blandingen koger. Kog forsigtigt under konstant omrøring, indtil saucen tykner og bliver klar. Anret kyllingen på en varm tallerken på en bund af salatblade og hæld saucen over eller server separat.

Stegt kylling med citron

Serverer 4 portioner

450 g/1 lb udbenet kylling, skåret i skiver

30 ml / 2 spsk citronsaft

15 ml / 1 spsk sojasovs

15 ml / 1 spsk risvin eller tør sherry

30 ml / 2 spsk majsmel (majsstivelse)

30 ml / 2 spsk jordnøddeolie (peanut)

2,5 ml/½ tsk salt

2 fed hvidløg, knust

50 g / 2 oz vandkastanjer, skåret i strimler

50 g / 2 oz bambusskud, skåret i strimler

nogle kinesiske blade, skåret i strimler

60 ml / 4 spsk hønsebouillon

15 ml / 1 spsk tomatpuré (pasta)

15 ml / 1 spsk sukker

15 ml / 1 spsk citronsaft

Læg kyllingen i en skål. Pisk citronsaft, sojasovs, vin eller sherry og 15 ml/1 spsk majsmel sammen, hæld over kyllingen og mariner 1 time, vend af og til.

Varm olie, salt og hvidløg op, indtil hvidløget er let brunet, tilsæt derefter kylling og marinaden og svits i cirka 5 minutter, indtil kyllingen er let brunet. Tilsæt vandkastanjerne, bambusskud og kinesiske blade og svits i yderligere 3 minutter, eller indtil kyllingen er gennemstegt. Tilsæt de resterende ingredienser og steg i ca. 3 minutter, indtil saucen er klar og tyknet.

Kyllingelever med bambusskud

Serverer 4 portioner

225 g / 8 oz kyllingelever, tykke skiver

45 ml / 3 spsk risvin eller tør sherry

45 ml / 3 spsk jordnøddeolie (peanut)

15 ml / 1 spsk sojasovs

100 g / 4 oz bambusskud, skåret i skiver

100 g / 4 oz vandkastanjer, skåret i skiver

60 ml / 4 spsk hønsebouillon

salt og friskkværnet peber

Bland kyllingeleverne med vinen eller sherryen og lad stå i 30 minutter. Varm olien op og steg kyllingeleverne til de er let brune. Tilsæt marinade, sojasovs, bambusskud, vandkastanjer og bouillon. Bring i kog og smag til med salt og peber. Dæk til og kog i cirka 10 minutter, indtil de er møre.

Stegt kyllingelever

Serverer 4 portioner

450 g/1 lb kyllingelever, halveret

50 g / 2 oz / ½ kop majsmel (majsstivelse)

fritureolie

Dup kyllingelever tørre og drys med majsmel, ryst overskydende af. Varm olien op og steg kyllingeleverne et par minutter, til de er gyldenbrune og gennemstegte. Afdryp på køkkenpapir inden servering.

Kyllingelever med Mangetout

Serverer 4 portioner

225 g / 8 oz kyllingelever, tykke skiver

10 ml / 2 tsk majsmel (majsstivelse)

10 ml / 2 tsk risvin eller tør sherry

15 ml / 1 spsk sojasovs

45 ml / 3 spsk jordnøddeolie (peanut)

2,5 ml/½ tsk salt

2 skiver ingefærrod, hakket

100 g / 4 oz mangetout (ærter)

10 ml / 2 tsk majsmel (majsstivelse)

60 ml / 4 spiseskefulde vand

Læg kyllingeleverne i en skål. Tilsæt majsmel, vin eller sherry og sojasovs og bland det godt sammen. Varm halvdelen af olien op og steg salt og ingefær let brunet. Tilsæt mangetout og steg indtil godt dækket med olie, og tag derefter af panden. Varm den resterende olie op og steg kyllingeleverne i 5 minutter, indtil de er gennemstegte. Pisk majsmel og vand sammen, indtil der dannes en pasta, rør i gryden og kog under omrøring, indtil saucen er klar og tyknet. Kom mangetouten tilbage i gryden og kog til den er gennemvarme.

Kyllingelever med pastapandekage

Serverer 4 portioner

30 ml / 2 spsk jordnøddeolie (peanut)

1 løg, skåret i skiver

450 g/1 lb kyllingelever, halveret

2 selleristængler, skåret i skiver

120 ml / 4 fl oz / ½ kop hønsefond

15 ml / 1 spsk majsmel (majsstivelse)

15 ml / 1 spsk sojasovs

30 ml / 2 spsk vand

makaroni pandekage

Varm olien op og steg løget til det er visnet. Tilsæt kyllingeleverne og steg dem gyldenbrune. Tilsæt selleri og sauter i 1 minut. Tilsæt bouillon, bring i kog, læg låg på og kog i 5 minutter. Pisk majsmel, sojasovs og vand sammen, indtil der dannes en pasta, rør i gryden og kog under omrøring, indtil saucen er klar og tyknet. Hæld blandingen over makaronipandekagen og server.

Kyllingelever med østerssauce

Serverer 4 portioner

45 ml / 3 spsk jordnøddeolie (peanut)

1 hakket løg

225 g / 8 oz kyllingelever, halveret

100 g/4 oz svampe, skåret i skiver

30 ml / 2 spsk østerssauce

15 ml / 1 spsk sojasovs

15 ml / 1 spsk risvin eller tør sherry

120 ml / 4 fl oz / ½ kop hønsefond

5 ml/1 tsk sukker

15 ml / 1 spsk majsmel (majsstivelse)

45 ml / 3 spsk vand

Varm halvdelen af olien op og steg løget til det er gyldent. Tilsæt kyllingelever og steg indtil brunet. Tilsæt svampene og steg i 2 minutter. Kombiner østerssauce, sojasovs, vin eller sherry, bouillon og sukker, hæld i gryden og bring det i kog under omrøring. Pisk majsmel og vand sammen, indtil det danner en pasta, kom det i gryden og kog under omrøring, indtil saucen er klar og tyknet, og leverne er møre.

Kyllingelever med ananas

Serverer 4 portioner

225 g / 8 oz kyllingelever, halveret
45 ml / 3 spsk jordnøddeolie (peanut)
30 ml / 2 spsk sojasovs
15 ml / 1 spsk majsmel (majsstivelse)
15 ml / 1 spsk sukker
15 ml / 1 spsk vineddike
salt og friskkværnet peber
100 g / 4 oz ananas bidder
60 ml / 4 spsk hønsebouillon

Blancher kyllingeleverne i kogende vand i 30 sekunder og afdryp. Varm olien op og steg kyllingeleverne i 30 sekunder. Bland sojasovs, majsmel, sukker, vineddike, salt og peber, hæld i gryden og rør godt, så det dækker kyllingelever. Tilsæt ananas bidder og bouillon og steg i cirka 3 minutter, indtil leverne er gennemstegte.

Sød og sur kyllingelever

Serverer 4 portioner

30 ml / 2 spsk jordnøddeolie (peanut)
450 g/1 lb kyllingelever, i kvarte
2 grønne peberfrugter, skåret i stykker
4 dåse ananasskiver, skåret i stykker
60 ml / 4 spsk hønsebouillon
30 ml / 2 spsk majsmel (majsstivelse)
10 ml/2 tsk sojasovs
100 g / 4 oz / ½ kop sukker
120 ml / 4 fl oz / ½ kop vineddike
120 ml / 4 fl oz / ½ kop vand

Varm olien op og steg leverne, indtil de er let brune, og overfør dem derefter til et opvarmet fad. Kom peberfrugterne på panden og steg i 3 minutter. Tilsæt ananas og bouillon, bring det i kog, læg låg på og kog i 15 minutter. Pisk de resterende ingredienser sammen til en pasta, rør i gryden og kog under omrøring, indtil saucen tykner. Hæld kyllingeleverne over og server.

Kylling med litchi

Serverer 4 portioner

3 kyllingebryst

60 ml / 4 spsk majsmel (majsstivelse)

45 ml / 3 spsk jordnøddeolie (peanut)

5 forårsløg (spidskål), skåret i skiver

1 rød peberfrugt, skåret i stykker

120 ml / 4 fl oz / ½ kop tomatsauce

120 ml / 4 fl oz / ½ kop hønsefond

5 ml/1 tsk sukker

275 g/10 oz skrællet litchi

Skær kyllingebryst i halve og fjern og kassér ben og skind. Skær hvert bryst i 6. Reserver 5 ml/1 tsk majsmel og smid kyllingen ind i resten, indtil den er godt dækket. Varm olien op og steg kyllingen i cirka 8 minutter, indtil den er gyldenbrun. Tilsæt purløg og peber og svits i 1 minut. Kombiner tomatsaucen, halvdelen af fonden og sukkeret og rør i wokken med litchi. Bring det i kog, læg låg på og kog i cirka 10 minutter, indtil kyllingen er gennemstegt. Rør det reserverede majsmel og bouillon i, og rør derefter i gryden. Kog under omrøring, indtil saucen bliver klar og tykner.

Kylling med litchisauce

Serverer 4 portioner

225 g/8 oz kylling

1 forårsløg (spidskål)

4 vandkastanjer

30 ml / 2 spsk majsmel (majsstivelse)

45 ml / 3 spsk sojasovs

30 ml / 2 spsk risvin eller tør sherry

2 æggehvider

fritureolie

400 g / 14 oz dåse litchi i sirup

5 skeer hønsebouillon

Hak (knus) kyllingen med purløg og vandkastanjer. Rør halvdelen af majsmelet, 30 ml/2 spsk sojasovs, vinen eller sherryen og æggehviderne i. Form blandingen til kugler på størrelse med valnød. Varm olien op og steg kyllingen til den er gyldenbrun. Afdryp på køkkenpapir.

Opvarm imens litchi-siruppen forsigtigt med bouillon og reserveret sojasovs. Bland det resterende majsmel med lidt vand, rør i gryden og kog under omrøring, indtil saucen bliver klar og tykner. Tilsæt litchi og bring det let i kog til gennemvarmning. Anret kyllingen på en opvarmet tallerken, hæld litchi og sauce over, og server.

Kylling med Mangetout

Serverer 4 portioner

225 g / 8 oz kylling, skåret i tynde skiver
5 ml / 1 tsk majsmel (majsstivelse)
5 ml/1 tsk risvin eller tør sherry
5 ml/1 tsk sesamolie
1 æggehvide, let pisket
45 ml / 3 spsk jordnøddeolie (peanut)
1 fed hvidløg, knust
1 skive ingefærrod, hakket
100 g / 4 oz mangetout (ærter)
120 ml / 4 fl oz / ½ kop hønsefond
salt og friskkværnet peber

Bland kyllingen med majsmel, vin eller sherry, sesamolie og æggehvide. Varm halvdelen af olien op og steg hvidløg og ingefær let gyldent. Tilsæt kyllingen og steg til den er gylden og tag den af panden. Varm den resterende olie op, og steg mangetout i 2 minutter. Tilsæt bouillon, bring det i kog, læg låg på og kog i 2 minutter. Kom kyllingen tilbage i gryden og krydr med salt og peber. Kog forsigtigt, indtil det er gennemvarmet.

Kylling med mango

Serverer 4 portioner

100 g / 4 oz / 1 kop almindeligt mel (all-purpose)

250 ml / 8 fl oz / 1 kop vand

2,5 ml/½ tsk salt

knivspids bagepulver

3 kyllingebryst

fritureolie

1 skive ingefærrod, hakket

150 ml/¼ pt/generøs ½ kop hønsebouillon

45 ml/3 spsk vineddike

45 ml / 3 spsk risvin eller tør sherry

20 ml/4 tsk sojasovs

10 ml / 2 teskefulde sukker

10 ml / 2 tsk majsmel (majsstivelse)

5 ml/1 tsk sesamolie

5 forårsløg (spidskål), skåret i skiver

400 g / 11 oz mango på dåse, drænet og skåret i strimler

Bland mel, vand, salt og gær. Lad det hvile i 15 minutter. Fjern og kassér skindet og benene fra kyllingen. Skær kyllingen i tynde strimler. Bland disse i melblandingen. Varm olien op og steg kyllingen i cirka 5 minutter, indtil den er gyldenbrun. Tag af panden og afdryp på køkkenpapir. Fjern alt undtagen 15 ml/1 spsk olie fra wokken og steg ingefæren, indtil den er let brunet. Bland bouillonen med vin, vin eller sherryeddike, sojasovs, sukker, majsmel og sesamolie. Tilsæt til gryden og bring i kog under omrøring. Tilsæt purløg og svits i 3 minutter. Tilsæt kylling og mango og kog under omrøring i 2 minutter.

Melon fyldt med kylling

Serverer 4 portioner

350 g/12 oz kyllingekød

6 vandkastanjer

2 afskallede kammuslinger

4 skiver ingefærrod

5 ml/1 tsk salt

15 ml / 1 spsk sojasovs

600 ml / 1 pt / 2½ kopper hønsefond

8 små eller 4 mellemstore cantaloupemeloner

Hak kylling, kastanjer, kammuslinger og ingefær fint og vend med salt, sojasovs og bouillon. Skær toppen af melonerne af og fjern kernerne. Passer til de øverste kanter. Fyld melonerne med kyllingeblandingen og læg dem på en dampet grill. Damp i kogende vand i 40 minutter til kyllingen er gennemstegt.

Braiseret kylling og svampe

Serverer 4 portioner

45 ml / 3 spsk jordnøddeolie (peanut)

1 fed hvidløg, knust

1 skalotteløg (spidskål), hakket

1 skive ingefærrod, hakket

225 g / 8 oz kyllingebryst, skåret i skiver

225 g knapsvampe

45 ml / 3 spsk sojasovs

15 ml / 1 spsk risvin eller tør sherry

5 ml / 1 tsk majsmel (majsstivelse)

Varm olien op og steg hvidløg, skalotteløg og ingefær let gyldne. Tilsæt kyllingen og svits i 5 minutter. Tilsæt svampene og svits i 3 minutter. Tilsæt sojasovsen, vin eller sherry og majsmel og steg i cirka 5 minutter, indtil kyllingen er gennemstegt.

Kylling med svampe og jordnødder

Serverer 4 portioner

30 ml / 2 spsk jordnøddeolie (peanut)

2 fed hvidløg, knust

1 skive ingefærrod, hakket

450 g/1 lb udbenet kylling, skåret i tern

225 g knapsvampe

100 g / 4 oz bambusskud, skåret i strimler

1 grøn peberfrugt i tern

1 rød peberfrugt i tern

250 ml / 8 fl oz / 1 kop kyllingebouillon

30 ml / 2 spsk risvin eller tør sherry

15 ml / 1 spsk sojasovs

15 ml / 1 spsk tabasco sauce

30 ml / 2 spsk majsmel (majsstivelse)

30 ml / 2 spsk vand

Varm olie, hvidløg og ingefær op, indtil hvidløget er let brunet. Tilsæt kyllingen og sauter indtil den er let brunet. Tilsæt champignon, bambusskud og peberfrugt og sauter i 3 minutter. Tilsæt bouillon, vin eller sherry, sojasovs og tabascosauce og bring det i kog under omrøring. Dæk til og steg i cirka 10 minutter, indtil kyllingen er gennemstegt. Bland majsmel og vand og rør dem i saucen. Kog under omrøring, indtil saucen er lysnet og tyknet, og tilsæt lidt mere bouillon eller vand, hvis saucen er for tyk.

Stegt kylling med svampe

Serverer 4 portioner

6 kinesiske tørrede svampe

1 kyllingebryst, skåret i tynde skiver

1 skive ingefærrod, hakket

2 forårsløg (spidskål), hakket

15 ml / 1 spsk majsmel (majsstivelse)

15 ml / 1 spsk risvin eller tør sherry

30 ml / 2 spsk vand

2,5 ml/½ tsk salt

45 ml / 3 spsk jordnøddeolie (peanut)

225 g / 8 oz svampe, skåret i skiver

100 g / 4 oz bønnespirer

15 ml / 1 spsk sojasovs

5 ml/1 tsk sukker

120 ml / 4 fl oz / ½ kop hønsefond

Udblød svampene i varmt vand i 30 minutter og afdryp. Kassér stilkene og skær toppen af. Læg kyllingen i en skål. Bland ingefær, spidskål, majsmel, vin eller sherry, vand og salt, bland i kyllingen og lad det trække i 1 time. Varm halvdelen af olien op og steg kyllingen, indtil den er let brunet, og tag den derefter af panden. Varm den resterende olie op og svits de tørrede, friske svampe og bønnespirer i 3 minutter. Tilsæt sojasovs, sukker og bouillon, bring det i kog, læg låg på og kog i 4 minutter, indtil grøntsagerne er møre. Kom kyllingen tilbage i gryden, rør godt rundt og varm forsigtigt op inden servering.

Dampet kylling med svampe

Serverer 4 portioner

4 stykker kylling

30 ml / 2 spsk majsmel (majsstivelse)

30 ml / 2 spsk sojasovs

3 forårsløg (spidskål), hakket

2 skiver ingefærrod, hakket

2,5 ml/½ tsk salt

100 g/4 oz svampe, skåret i skiver

Skær kyllingestykkerne i 5 cm/2 cm stykker og læg dem i en varmefast skål. Bland majsmel og sojasovs til det danner en pasta, tilsæt forårsløg, ingefær og salt og bland det godt sammen med kyllingen. Bland forsigtigt svampene. Stil skålen på en rist i en dampkoger, dæk til og kog i kogende vand i cirka 35 minutter, indtil kyllingen er mør.

Kylling med løg

Serverer 4 portioner

60 ml / 4 spsk jordnøddeolie (peanut)
2 løg, hakket
450 g/1 pund kylling, skåret i skiver
30 ml / 2 spsk risvin eller tør sherry
250 ml / 8 fl oz / 1 kop kyllingebouillon
45 ml / 3 spsk sojasovs
30 ml / 2 spsk majsmel (majsstivelse)
45 ml / 3 spsk vand

Varm olien op og steg løget let gyldent. Tilsæt kyllingen og steg til den er let brunet. Tilsæt vin eller sherry, bouillon og sojasovs, bring det i kog, læg låg på og kog i 25 minutter, indtil kyllingen er mør. Pisk majsmel og vand sammen, indtil der dannes en pasta, rør i gryden og kog under omrøring, indtil saucen er klar og tyknet.

Kylling med appelsin og citron

Serverer 4 portioner

350 g/1 lb kyllingekød, skåret i strimler

30 ml / 2 spsk jordnøddeolie (peanut)

2 fed hvidløg, knust

2 skiver ingefærrod, hakket

revet skal af ½ appelsin

revet skal af ½ citron

45 ml / 3 spiseskefulde appelsinjuice

45 ml / 3 spsk citronsaft

15 ml / 1 spsk sojasovs

3 forårsløg (spidskål), hakket

15 ml / 1 spsk majsmel (majsstivelse)

45 ml / 1 spsk vand

Blancher kyllingen i kogende vand i 30 sekunder og afdryp den. Varm olien op og steg hvidløg og ingefær i 30 sekunder. Tilsæt appelsin- og citronskal og -saft, sojasauce og forårsløg og svits i 2 minutter. Tilsæt kyllingen og kog et par minutter til kyllingen er mør. Pisk majsmel og vand sammen, indtil der dannes en pasta, rør i gryden og kog under omrøring, indtil saucen tykner.

Kylling med østerssauce

Serverer 4 portioner

30 ml / 2 spsk jordnøddeolie (peanut)

1 fed hvidløg, knust

1 skive ingefær, finthakket

450 g/1 pund kylling, skåret i skiver

250 ml / 8 fl oz / 1 kop kyllingebouillon

30 ml / 2 spsk østerssauce

15 ml / 1 spsk risvin eller sherry

5 ml/1 tsk sukker

Varm olivenolien op med hvidløg og ingefær og steg den let gylden. Tilsæt kyllingen og svits i cirka 3 minutter, indtil den er let brunet. Tilsæt bouillon, østerssauce, vin eller sherry og sukker, bring det i kog under omrøring, læg låg på og kog i ca. 15 minutter, rør af og til, indtil kyllingen er gennemstegt. Tag låget af og fortsæt med at koge under omrøring i cirka 4 minutter, indtil saucen er reduceret og tyknet.

kyllingeportioner

Serverer 4 portioner

225 g/8 oz kylling
30 ml / 2 spsk risvin eller tør sherry
30 ml / 2 spsk sojasovs
pergamentpapir eller pergamentpapir
30 ml / 2 spsk jordnøddeolie (peanut)
fritureolie

Skær kyllingen i tern på 5 cm/2. Kombiner vinen eller sherryen og sojasovsen, hæld over kyllingen og rør godt rundt. Dæk til og lad hvile i 1 time, rør af og til. Skær papiret i 10 cm/4 firkanter og pensl med olie. Dræn kyllingen godt. Læg et stykke papir på arbejdsfladen med det ene hjørne pegende mod dig. Læg et stykke kylling i firkanten lige under midten, fold i nederste hjørne og fold igen for at omslutte kyllingen. Fold siderne og fold derefter det øverste hjørne for at sikre pakken. Varm olien op og steg kyllingestykkerne i cirka 5 minutter, til de er gennemstegte. Serveres varm i indpakning, så gæsterne kan åbne.

jordnøddekylling

Serverer 4 portioner

225 g / 8 oz kylling, skåret i tynde skiver

1 æggehvide, let pisket

10 ml / 2 tsk majsmel (majsstivelse)

45 ml / 3 spsk jordnøddeolie (peanut)

1 fed hvidløg, knust

1 skive ingefærrod, hakket

2 porrer, hakket

30 ml / 2 spsk sojasovs

15 ml / 1 spsk risvin eller tør sherry

100 g/4 oz ristede jordnødder

Vend kyllingen med æggehvider og majsmel, indtil den er godt dækket. Varm halvdelen af olien op og steg kyllingen gylden og tag den af panden. Varm den resterende olie op og steg hvidløg og ingefær, indtil det er blødt. Tilsæt porrerne og steg til de er let brune. Rør sojasovsen og vin eller sherry i og kog i 3 minutter. Kom kyllingen tilbage i gryden med peanuts og kog langsomt, indtil den er gennemvarm.

Peanut Butter Kylling

Serverer 4 portioner

4 kyllingebryst i tern

salt og friskkværnet peber

5 ml/1 tsk fem krydderier pulver

45 ml / 3 spsk jordnøddeolie (peanut)

1 løg, i tern

2 gulerødder, i tern

1 bladselleri, skåret i tern

300 ml / ½ pt / 1 ¼ kopper hønsebouillon

10 ml / 2 tsk tomatpuré (pasta)

100 g / 4 oz jordnøddesmør

15 ml / 1 spsk sojasovs

10 ml / 2 tsk majsmel (majsstivelse)

knivspids brun farin

15 ml / 1 spsk hakket purløg

Krydr kyllingen med salt, peber og femkrydderipulver. Varm olien op og steg kyllingen mør. Fjern fra panden. Tilsæt grøntsagerne og steg til de er bløde, men stadig sprøde. Bland bouillonen med de øvrige ingredienser, undtagen purløg, rør i gryden og bring det i kog. Kom kyllingen tilbage i gryden og varm op igen under omrøring. Server drysset med sukker.

Kylling med ærter

Serverer 4 portioner

60 ml / 4 spsk jordnøddeolie (peanut)

1 hakket løg

450 g/1 pund kylling i tern

salt og friskkværnet peber

100 g ærter

2 selleristængler, hakket

100 g/4 oz champignon, hakket

250 ml / 8 fl oz / 1 kop kyllingebouillon

15 ml / 1 spsk majsmel (majsstivelse)

15 ml / 1 spsk sojasovs

60 ml / 4 spiseskefulde vand

Varm olien op og steg løget let gyldent. Tilsæt kyllingen og steg til den er gyldenbrun. Smag til med salt og peber og tilsæt ærter, selleri og svampe og rør godt rundt. Tilsæt bouillon, bring det i kog, dæk til og kog i 15 minutter. Pisk majsmel, sojasovs og vand sammen, indtil der dannes en pasta, rør i gryden og kog under omrøring, indtil saucen er klar og tyknet.

Peking kylling

Serverer 4 portioner

4 portioner kylling

salt og friskkværnet peber

5 ml/1 tsk sukker

1 skalotteløg (spidskål), hakket

1 skive ingefærrod, hakket

15 ml / 1 spsk sojasovs

15 ml / 1 spsk risvin eller tør sherry

15 ml / 1 spsk majsmel (majsstivelse)

fritureolie

Læg kyllingeportionerne i en lav skål og drys med salt og peber. Bland sukker, purløg, ingefær, sojasovs og vin eller sherry, gnid ind i kyllingen, læg låg på og mariner i 3 timer. Dræn kyllingen og drys med majsmel. Varm olien op og steg kyllingen til den er gyldenbrun og gennemstegt. Dræn godt af inden servering.

Peber Kylling

Serverer 4 portioner

60 ml / 4 spsk sojasovs

45 ml / 3 spsk risvin eller tør sherry

45 ml / 3 spsk majsmel (majsstivelse)

450 g/1 lb kylling, hakket (kværnet)

60 ml / 4 spsk jordnøddeolie (peanut)

2,5 ml/½ tsk salt

2 fed hvidløg, knust

2 røde peberfrugter i tern

1 grøn peberfrugt i tern

5 ml/1 tsk sukker

300 ml / ½ pt / 1¼ kopper hønsebouillon

Rør halvdelen af sojasovsen, halvdelen af vinen eller sherryen og halvdelen af majsmelet i. Hæld over kyllingen, rør godt rundt og mariner i mindst 1 time. Varm halvdelen af olivenolien op med salt og hvidløg, indtil hvidløget er let brunet. Tilsæt kyllingen og marinaden og svits i cirka 4 minutter, indtil kyllingen bliver hvid, og tag den af panden. Tilsæt den resterende olie på panden og steg peberfrugterne i 2 minutter. Tilsæt sukkeret i gryden med den resterende sojasovs, vin eller sherry og majsmel og bland godt. Tilsæt bouillon, bring det i kog og kog under omrøring, indtil saucen tykner. Kom kyllingen tilbage i gryden, læg låg på og steg i 4 minutter, indtil kyllingen er gennemstegt.

Stegt kylling med peber

Serverer 4 portioner

1 kyllingebryst, skåret i tynde skiver

2 skiver ingefærrod, hakket

2 forårsløg (spidskål), hakket

15 ml / 1 spsk majsmel (majsstivelse)

30 ml / 2 spsk risvin eller tør sherry

30 ml / 2 spsk vand

2,5 ml/½ tsk salt

45 ml / 3 spsk jordnøddeolie (peanut)

100 g / 4 oz vandkastanjer, skåret i skiver

1 rød peberfrugt, skåret i strimler

1 grøn peberfrugt, skåret i strimler

1 gul peberfrugt, skåret i strimler

30 ml / 2 spsk sojasovs

120 ml / 4 fl oz / ½ kop hønsefond

Læg kyllingen i en skål. Bland ingefær, spidskål, majsmel, vin eller sherry, vand og salt, bland i kyllingen og lad det trække i 1 time. Varm halvdelen af olien op og steg kyllingen, indtil den er let brunet, og tag den derefter af panden. Varm den resterende olie op og svits vandkastanjerne og peberfrugterne i 2 minutter. Tilsæt sojasauce og bouillon, bring det i kog, læg låg på og kog i 5 minutter, indtil grøntsagerne er møre. Kom kyllingen tilbage i gryden, rør godt rundt og varm forsigtigt op inden servering.

kylling og ananas

Serverer 4 portioner

30 ml / 2 spsk jordnøddeolie (peanut)

5 ml/1 tsk salt

2 fed hvidløg, knust

450 g/1 lb udbenet kylling, skåret i tynde skiver

2 løg, skåret i skiver

100 g / 4 oz vandkastanjer, skåret i skiver

100 g / 4 oz ananas bidder

30 ml / 2 spsk risvin eller tør sherry

450 ml / ¾ pt / 2 kopper hønsebouillon

5 ml/1 tsk sukker

friskkværnet peber

30 ml / 2 spsk ananasjuice

30 ml / 2 spsk sojasovs

30 ml / 2 spsk majsmel (majsstivelse)

Varm olie, salt og hvidløg op, indtil hvidløget er let brunet. Tilsæt kyllingen og svits i 2 minutter. Tilsæt løg, vandkastanjer og ananas og svits i 2 minutter. Tilsæt vin eller sherry, bouillon og sukker og smag til med peber. Bring i kog, læg låg på og kog i 5 minutter. Rør ananasjuice, sojasauce og majsmel i. Rør i gryden og kog under omrøring, indtil saucen tykner og klarner.

Kylling med ananas og litchi

Serverer 4 portioner

30 ml / 2 spsk jordnøddeolie (peanut)

225 g / 8 oz kylling, skåret i tynde skiver

1 skive ingefærrod, hakket

15 ml / 1 spsk sojasovs

15 ml / 1 spsk risvin eller tør sherry

200 g / 7 oz dåse ananas bidder

200 g / 7 oz dåse litchi i sirup

15 ml / 1 spsk majsmel (majsstivelse)

Varm olien op og steg kyllingen, indtil den er let brunet. Tilsæt sojasovs og vin eller sherry og rør godt rundt. Mål 8 fl oz / 250 ml / 1 kop ananas-litchi blanding og reserver 30 ml / 2 spsk. Kom resten i gryden, bring det i kog og kog i et par minutter, indtil kyllingen er mør. Tilsæt ananasstykker og litchi. Bland majsmelet med den reserverede sirup, rør i gryden og kog under omrøring, indtil saucen bliver klar og tykner.

kylling med svinekød

Serverer 4 portioner

1 kyllingebryst, skåret i tynde skiver

100 g/4 oz magert svinekød, skåret i tynde skiver

60 ml / 4 spsk sojasovs

15 ml / 1 spsk majsmel (majsstivelse)

1 æggehvide

45 ml / 3 spsk jordnøddeolie (peanut)

3 skiver ingefærrod, hakket

50 g / 2 oz bambusskud, skåret i skiver

225 g / 8 oz svampe, skåret i skiver

225 g / 8 oz kinesiske blade, hakket

120 ml / 4 fl oz / ½ kop hønsefond

30 ml / 2 spsk vand

Bland kylling og svinekød. Kombiner sojasauce, 5 ml/1 tsk majsmel og æggehvide og bland i kylling og svinekød. Lad det hvile i 30 minutter. Varm halvdelen af olien op og steg kylling og svinekød, indtil det er let brunet, og tag dem derefter af panden. Varm den resterende olie op og steg ingefær, bambusskud, svampe og kinesiske blade, indtil de er godt dækket af olie. Tilsæt bouillon og bring det i kog. Kom kyllingeblandingen tilbage i gryden, læg låg på og kog i cirka 3 minutter, indtil kødet er mørt. Bland det resterende majsmel til en pasta med vandet, bland i saucen og kog under omrøring, indtil saucen tykner. Server med det samme.

Stegt kylling med kartofler

Serverer 4 portioner

4 stykker kylling

45 ml / 3 spsk jordnøddeolie (peanut)

1 løg, skåret i skiver

1 fed hvidløg, knust

2 skiver ingefærrod, hakket

450 ml / ¾ pt / 2 kopper vand

45 ml / 3 spsk sojasovs

15 ml / 1 spsk brun farin

2 kartofler i tern

Skær kyllingen i 5 cm/2 cm stykker. Varm olien op og steg løg, hvidløg og ingefær let gyldent. Tilsæt kyllingen og steg til den er let brunet. Tilsæt vand og sojasovs og bring det i kog. Tilsæt sukker, læg låg på og kog i cirka 30 minutter. Kom kartoflerne i gryden, læg låg på og kog i yderligere 10 minutter, indtil kyllingen er mør og kartoflerne er gennemstegte.

Fem krydderier kylling med kartofler

Serverer 4 portioner

45 ml / 3 spsk jordnøddeolie (peanut)
450 g/1 lb kylling, skåret i stykker
salt
45 ml / 3 spsk gul bønnepasta
45 ml / 3 spsk sojasovs
5 ml/1 tsk sukker
5 ml/1 tsk fem krydderier pulver
1 kartoffel i tern
450 ml / ¾ pt / 2 kopper hønsebouillon

Varm olien op og steg kyllingen, indtil den er let brunet. Drys med salt, rør derefter bønnepastaen, sojasovsen, sukkeret og pulveret med fem krydderier i, og rør rundt i 1 minut. Tilsæt kartoflen og rør godt rundt, tilsæt derefter bouillonen, bring det i kog, læg låg på og kog i cirka 30 minutter, indtil de er møre.

Rød kogt kylling

Serverer 4 portioner

450 g/1 pund kylling, skåret i skiver

120 ml / 4 fl oz / ½ kop sojasovs

15 ml / 1 spsk sukker

2 skiver ingefærrod, finthakket

90 ml / 6 spsk hønsebouillon

30 ml / 2 spsk risvin eller tør sherry

4 forårsløg (spidskål), skåret i skiver

Kom alle ingredienserne i en gryde og bring det i kog. Dæk til og steg i cirka 15 minutter, indtil kyllingen er gennemstegt. Tag låget af og fortsæt med at simre i cirka 5 minutter under omrøring af og til, indtil saucen tykner. Server drysset med purløg.

kyllingefrikadeller

Serverer 4 portioner

225 g / 8 oz kyllingekød, hakket (kværnet)

3 vandkastanjer, hakket

1 skalotteløg (spidskål), hakket

1 skive ingefærrod, hakket

2 æggehvider

5 ml / 2 teskefulde salt

5ml/1 tsk friskkværnet peber

120 ml / 4 fl oz / ½ kop jordnøddeolie (peanut)

5ml/1 tsk hakket skinke

Bland kylling, kastanjer, halvdelen af skalotteløgene, ingefær, æggehvider, salt og peber. Form små kugler og pres godt. Varm olien op og steg frikadellerne til de er gyldenbrune, vend dem én gang. Server drysset med det resterende purløg og skinke.

Saltet kylling

Serverer 4 portioner

30 ml / 2 spsk jordnøddeolie (peanut)
4 stykker kylling
3 forårsløg (spidskål), hakket
2 fed hvidløg, knust
1 skive ingefærrod, hakket
120 ml / 4 fl oz / ½ kop sojasovs
30 ml / 2 spsk risvin eller tør sherry
30 ml / 2 spsk brun farin
5 ml/1 tsk salt
375 ml / 13 fl oz / 1½ kopper vand
15 ml / 1 spsk majsmel (majsstivelse)

Varm olien op og steg kyllingestykkerne til de er gyldenbrune. Tilsæt skalotteløg, hvidløg og ingefær og steg i 2 minutter. Tilsæt sojasovsen, vin eller sherry, sukker og salt og rør godt. Tilsæt vand og bring det i kog, dæk til og kog i 40 minutter. Bland majsmelet med lidt vand, rør i saucen og kog under omrøring, indtil saucen er lysnet og tyknet.

Kylling i sesamolie

Serverer 4 portioner

90 ml / 6 spsk jordnøddeolie

60 ml/4 spsk sesamolie

5 skiver ingefærrod

4 stykker kylling

600 ml / 1 pt / 2½ kopper risvin eller tør sherry

5 ml/1 tsk sukker

salt og friskkværnet peber

Varm olierne op og steg ingefær og kylling, indtil de er let brunede. Tilsæt vin eller sherry og smag til med sukker, salt og peber. Bring det i kog og kog langsomt uden låg, indtil kyllingen er mør og saucen reduceret. Server i skåle.

Sherry kylling

Serverer 4 portioner

30 ml / 2 spsk jordnøddeolie (peanut)
4 stykker kylling
120 ml / 4 fl oz / ½ kop sojasovs
500 ml / 17 fl oz / 2 ¼ kopper risvin eller tør sherry
30 ml / 2 spsk sukker
5 ml/1 tsk salt
2 fed hvidløg, knust
1 skive ingefærrod, hakket

Varm olien op og steg kyllingen gyldenbrun på alle sider. Dræn overskydende olie og tilsæt alle de resterende ingredienser. Bring i kog, læg låg på og kog ved høj varme i 25 minutter. Skru ned for varmen og kog i yderligere 15 minutter, indtil kyllingen er gennemstegt og saucen er reduceret.

Kylling med sojasovs

Serverer 4 portioner

350 g/12 oz kylling i tern
2 forårsløg (spidskål), hakket
3 skiver ingefærrod, hakket
15 ml / 1 spsk majsmel (majsstivelse)
30 ml / 2 spsk risvin eller tør sherry
30 ml / 2 spsk vand
45 ml / 3 spsk jordnøddeolie (peanut)
60 ml / 4 spsk tyk sojasovs
5 ml/1 tsk sukker

Rør kylling, spidskål, ingefær, majsmel, vin eller sherry og vand i, og lad det stå i 30 minutter under omrøring af og til. Varm olien op og steg kyllingen i cirka 3 minutter, indtil den er let brunet. Tilsæt sojasauce og sukker og sauter i cirka 1 minut, indtil kyllingen er gennemstegt og mør.

Krydret stegt kylling

Serverer 4 portioner

150 ml/¼ pt/generøs ½ kop sojasovs

2 fed hvidløg, knust

50 g / 2 oz / ¼ kop brun farin

1 løg, finthakket

30 ml / 2 spsk tomatpuré (pasta)

1 skive citron, hakket

1 skive ingefærrod, hakket

45 ml / 3 spsk risvin eller tør sherry

4 store stykker kylling

Bland alle ingredienser undtagen kylling. Læg kyllingen i et ovnfast fad, hæld blandingen over, læg låg på og mariner natten over, og drys af og til. Steg kyllingen i en forvarmet ovn ved 180°C/350°F/gasmærke 4 i 40 minutter, vend og rist af og til. Fjern låget, øg ovntemperaturen til 200°C/400°F/gasmærke 6 og fortsæt med at stege i yderligere 15 minutter, indtil kyllingen er gennemstegt.

kylling med spinat

Serverer 4 portioner

100 g/4 oz kylling, hakket

15 ml / 1 spsk skinkefedt, hakket
175 ml / 6 fl oz / ¾ kop kyllingebouillon
3 let piskede æggehvider
salt
5 ml/1 tsk vand
450 g/1 lb spinat, finthakket
5 ml / 1 tsk majsmel (majsstivelse)
45 ml / 3 spsk jordnøddeolie (peanut)

Kombiner kylling, skinkefedt, 150 ml/¼ pt/generøs ½ kop hønsefond, æggehvider, 5 ml/1 tsk salt og vand. Bland spinaten med den resterende bouillon, en knivspids salt og majsmelet blandet med lidt vand. Varm halvdelen af olien op, tilsæt spinatblandingen i gryden og rør konstant ved svag varme, indtil den er gennemvarme. Overfør til en varm serveringsfad og hold varm. Varm den resterende olie op og steg skefulde af kyllingeblandingen, indtil den er fast og hvid. Læg spinaten over og server med det samme.

kyllingeforårsruller

Serverer 4 portioner
15 ml / 1 spsk jordnøddeolie
knivspids salt
1 fed hvidløg, knust

225 g / 8 oz kylling, skåret i strimler
100 g/4 oz svampe, skåret i skiver
175 g / 6 oz kål, hakket
100 g / 4 oz bambusskud, hakket
50 g / 2 oz vandkastanjer, strimlet
100 g / 4 oz bønnespirer
5 ml/1 tsk sukker
5 ml/1 tsk risvin eller tør sherry
5 ml/1 tsk sojasovs
8 forårsrulleskind
fritureolie

Varm olie, salt og hvidløg op og steg forsigtigt indtil hvidløget begynder at brune. Tilsæt kylling og svampe og svits i et par minutter, indtil kyllingen bliver hvid. Tilsæt kål, bambusskud, vandkastanjer og bønnespirer og steg i 3 minutter. Tilsæt sukker, vin eller sherry og sojasovs, rør godt rundt, læg låg på og steg i de sidste 2 minutter. Vend til et dørslag og lad det dryppe af.

Læg et par skefulde af fyldblandingen i midten af hvert forårsrulleskind, fold i bunden, fold siderne ind og rul sammen, omslutter fyldet. Luk kanten med lidt mel og vandblanding og lad det tørre i 30 minutter. Varm olien op og steg forårsrullerne i cirka 10 minutter, til de er sprøde og gyldne. Dræn godt af inden servering.

Krydret flæskesteg

Serverer 4 portioner

450 g/1 lb svinekød, i tern

salt og peber

30 ml / 2 spsk sojasovs

30ml/2 spsk hoisinsauce

45 ml / 3 spsk jordnøddeolie (peanut)

120 ml / 4 fl oz / ½ kop risvin eller tør sherry

300 ml / ½ pt / 1 ¼ kopper hønsebouillon

5 ml/1 tsk fem krydderier pulver

6 forårsløg (spidskål), hakket

225 g / 8 oz østerssvampe, skåret i skiver

15 ml / 1 spsk majsmel (majsstivelse)

Krydr kødet med salt og peber. Læg på en tallerken og rør sojasauce og hoisinsauce i. Dæk til og lad marinere i 1 time. Varm olien op og steg kødet gyldenbrunt. Tilsæt vin eller sherry, bouillon og 5-krydderipulver, bring det i kog, læg låg på og kog i 1 time. Tilsæt skalotteløg og champignon, tag låget af og kog i yderligere 4 minutter. Bland majsmelet med lidt vand, kom tilbage til varmen og kog under omrøring i 3 minutter, indtil saucen tykner.

dampede svineboller

12 år siden

30ml/2 spsk hoisinsauce

15 ml / 1 spsk østerssauce

15 ml / 1 spsk sojasovs

2,5 ml/½ tsk sesamolie

30 ml / 2 spsk jordnøddeolie (peanut)

10 ml / 2 tsk revet ingefærrod

1 fed hvidløg, knust

300 ml / ½ pt / 1¼ kopper vand

15 ml / 1 spsk majsmel (majsstivelse)

225 g / 8 oz kogt svinekød, finthakket

4 forårsløg (spidskål), finthakket

350 g / 12 oz / 3 kopper almindeligt mel (all-purpose)

15 ml / 1 spsk bagepulver

2,5 ml/½ tsk salt

50 g/2 oz/½ kop spæk

5 ml/1 tsk vineddike

12 x 13 cm / 5 i pergamentpapir firkanter

Rør hoisin, østers- og sojasauce og sesamolie i. Varm olien op og steg ingefær og hvidløg let gyldent. Tilsæt sauceblandingen og steg i 2 minutter. Bland 120ml/4 fl oz/½ kop vand med majsmel og rør i gryden. Bring det i kog under omrøring, og kog derefter, indtil blandingen tykner. Tilsæt svinekød og løg og lad afkøle.

Bland mel, bagepulver og salt. Gnid spækket i, indtil blandingen minder om fine rasp. Pisk vineddike og resterende vand sammen, og bland det derefter i melet til en fast dej. Ælt let på en meldrysset overflade, dæk til og lad hvile i 20 minutter.

Ælt dejen igen, del den i 12 og form hver til en kugle. Rul ud til 15 cm/6 i cirkler på en meldrysset overflade. Læg skefulde af fyldet i midten af hver cirkel, pensl kanterne med vand og klem kanterne sammen for at forsegle rundt om fyldet. Pensl den ene side af hver bagepapirsfirkant med olie. Læg hvert brød på en firkant af papir med sømsiden nedad. Læg bollerne i et enkelt lag på en damprist over kogende vand. Dæk bollerne til og damp dem i cirka 20 minutter, indtil de er gennemstegte.

svinekød med kål

Serverer 4 portioner

6 kinesiske tørrede svampe

30 ml / 2 spsk jordnøddeolie (peanut)

450 g/1 lb svinekød, skåret i strimler

2 løg, skåret i skiver

2 røde peberfrugter, skåret i strimler

350 g / 12 oz hvidkål, hakket

2 fed hvidløg, hakket

2 stykker hakket ingefærstilk

30 ml/2 spsk honning

45 ml / 3 spsk sojasovs

120 ml / 4 fl oz / ½ kop tør hvidvin

salt og peber

10 ml / 2 tsk majsmel (majsstivelse)

15 ml / 1 spsk vand

Udblød svampene i varmt vand i 30 minutter og afdryp. Kassér stilkene og skær toppen af. Varm olien op og steg svinekødet, indtil det er let brunet. Tilsæt grøntsagerne, hvidløg og ingefær og svits i 1 minut. Tilsæt honning, sojasovs og vin, bring det i kog, læg låg på og kog i 40 minutter, indtil kødet er gennemstegt. Smag til med salt og peber. Kombiner majsmel og vand og rør i gryden. Bring lige i kog, under konstant omrøring, og kog derefter i 1 minut.

Svinekød med kål og tomater

Serverer 4 portioner

30 ml / 2 spsk jordnøddeolie (peanut)

450 g/1 lb magert svinekød, skåret i skiver

salt og friskkværnet peber

1 fed hvidløg, knust

1 løg, finthakket

½ kål, hakket

450 g/1 lb tomater, flået og delt i kvarte

250 ml / 8 fl oz / 1 kop bouillon

30 ml / 2 spsk majsmel (majsstivelse)

15 ml / 1 spsk sojasovs

60 ml / 4 spiseskefulde vand

Varm olien op og steg svinekød, salt, peber, hvidløg og løg, indtil det er let brunet. Tilsæt kål, tomater og bouillon, bring det i kog, læg låg på og kog i 10 minutter, indtil kålen er mør. Pisk majsmel, sojasovs og vand sammen, indtil der dannes en pasta, rør i gryden og kog under omrøring, indtil saucen er klar og tyknet.

Marineret svinekød med kål

Serverer 4 portioner

350 g / 12 oz svinekød mave

2 forårsløg (spidskål), hakket

1 skive ingefærrod, hakket

1 kanelstang

3 nelliker stjerneanis

45ml / 3 spsk brun farin

600 ml / 1 pt / 2½ kopper vand

15 ml / 1 spsk jordnøddeolie

15 ml / 1 spsk sojasovs

5 ml/1 tsk tomatpuré (pasta)

5ml/1 tsk østerssauce

100 g / 4 oz kinesiske kålhjerter

100 g / 4 oz pak choi

Skær svinekødet i 10 cm/4 cm stykker og kom det i en skål. Tilsæt purløg, ingefær, kanel, stjerneanis, sukker og vand og lad det stå i 40 minutter. Varm olien op, fjern svinekødet fra marinaden og kom det i gryden. Steg til det er let brunet, og tilsæt derefter sojasauce, tomatpuré og østerssauce. Bring i kog og kog i cirka 30 minutter, indtil svinekødet er mørt og væsken er reduceret, tilsæt eventuelt lidt mere vand under tilberedningen.

Damp imens kålhjerterne og pak choi i kogende vand i cirka 10 minutter, indtil de er møre. Anret dem på en varm tallerken, top med svinekød og dryp med sauce.

Svinekød med selleri

Serverer 4 portioner

45 ml / 3 spsk jordnøddeolie (peanut)

1 fed hvidløg, knust

1 skalotteløg (spidskål), hakket

1 skive ingefærrod, hakket

225 g / 8 oz magert svinekød, skåret i strimler

100 g selleri i tynde skiver

45 ml / 3 spsk sojasovs

15 ml / 1 spsk risvin eller tør sherry

5 ml / 1 tsk majsmel (majsstivelse)

Varm olien op og steg hvidløg, skalotteløg og ingefær let gyldne. Tilsæt svinekødet og steg i 10 minutter, indtil det er gyldenbrunt. Tilsæt selleri og svits i 3 minutter. Tilsæt de øvrige ingredienser og svits i 3 minutter.

Svinekød med kastanjer og svampe

Serverer 4 portioner

4 kinesiske tørrede svampe

100 g / 4 oz / 1 kop kastanjer

30 ml / 2 spsk jordnøddeolie (peanut)

2,5 ml/½ tsk salt

450 g/1 lb magert svinekød, i tern

15 ml / 1 spsk sojasovs

375 ml / 13 fl oz / 1½ dl hønsefond

100 g / 4 oz vandkastanjer, skåret i skiver

Udblød svampene i varmt vand i 30 minutter og afdryp. Kassér stilkene og skær toppen i halve. Blancher kastanjerne i kogende vand i 1 minut og afdryp. Varm olie og salt op og steg svinekødet, indtil det er let brunet. Tilsæt sojasauce og sauter i 1 minut. Tilsæt bouillon og bring det i kog. Tilsæt kastanjer og vandkastanjer, bring det i kog igen, læg låg på og kog i ca. 1 1/2 time, indtil kødet er mørt.

Svinekotelet

Serverer 4 portioner

100 g / 4 oz bambusskud, skåret i strimler

100 g / 4 oz vandkastanjer, skåret i tynde skiver

60 ml / 4 spsk jordnøddeolie (peanut)

3 forårsløg (spidskål), hakket

2 fed hvidløg, knust

1 skive ingefærrod, hakket

225 g / 8 oz magert svinekød, skåret i strimler

45 ml / 3 spsk sojasovs

15 ml / 1 spsk risvin eller tør sherry

5 ml/1 tsk salt

5 ml/1 tsk sukker

friskkværnet peber

15 ml / 1 spsk majsmel (majsstivelse)

Blancher bambusskud og vandkastanjer i kogende vand i 2 minutter, dræn derefter og dup dem tørre. Varm 45 ml / 3 spsk olie og steg skalotteløg, hvidløg og ingefær let gyldne. Tilsæt svinekødet og svits i 4 minutter. Fjern fra panden.

Varm den resterende olie op og steg grøntsagerne i 3 minutter. Tilsæt svinekød, sojasovs, vin eller sherry, salt, sukker og en knivspids peber og sauter i 4 minutter. Bland majsmelet med lidt vand, rør det i gryden og kog under omrøring, indtil saucen bliver klar og tykner.

svinekød yakisoba

Serverer 4 portioner

4 kinesiske tørrede svampe

30 ml / 2 spsk jordnøddeolie (peanut)

2,5 ml/½ tsk salt

4 forårsløg (spidskål), hakket

225 g / 8 oz magert svinekød, skåret i strimler

15 ml / 1 spsk sojasovs

5 ml/1 tsk sukker

3 selleristængler, hakket

1 løg, skåret i tern

100 g/4 oz svampe, halveret

120 ml / 4 fl oz / ½ kop hønsefond

blødstegte nudler

Udblød svampene i varmt vand i 30 minutter og afdryp. Kassér stilkene og skær toppen af. Varm olie og salt op og steg løgene til de er bløde. Tilsæt svinekødet og steg, indtil det er let brunet. Rør sojasovsen, sukker, selleri, løg og friske og tørrede svampe i, og svits i cirka 4 minutter, indtil ingredienserne er godt blandet. Tilsæt bouillon og kog i 3 minutter. Tilsæt halvdelen af nudlerne i gryden og rør forsigtigt, tilsæt derefter de resterende nudler og rør, indtil de er gennemvarme.

Flæskesteg Mein

Serverer 4 portioner

100 g / 4 oz bønnespirer

45 ml / 3 spsk jordnøddeolie (peanut)

100 g / 4 oz kinakål, hakket

225 g / 8 oz flæskesteg, skåret i skiver

5 ml/1 tsk salt

15 ml / 1 spsk risvin eller tør sherry

Blancher bønnespirerne i kogende vand i 4 minutter og afdryp. Varm olien op og svits bønnespirer og kål til de er bløde. Tilsæt svinekød, salt og sherry og steg til det er gennemvarmt. Tilsæt halvdelen af den afdryppede pasta i gryden og rør forsigtigt, indtil den er gennemvarme. Tilsæt de resterende nudler og rør, indtil de er gennemvarme.

Svinekød med chutney

Serverer 4 portioner

5 ml/1 tsk fem krydderier pulver

5ml/1 tsk karrypulver

450 g/1 lb svinekød, skåret i strimler

30 ml / 2 spsk jordnøddeolie (peanut)

6 forårsløg (spidskål), skåret i strimler

1 bladselleri, skåret i strimler

100 g / 4 oz bønnespirer

1 x krukke med 200 g/7 oz kinesiske søde pickles, i tern

45 ml/3 spsk mango chutney

30 ml / 2 spsk sojasovs

30 ml / 2 spsk tomatpuré (pasta)

150 ml/¼ pt/generøs ½ kop hønsebouillon

10 ml / 2 tsk majsmel (majsstivelse)

Gnid krydderierne godt ind i svinekødet. Varm olien op og steg kødet i 8 minutter eller til det er gennemstegt. Fjern fra panden. Kom grøntsagerne i gryden og svits i 5 minutter. Kom svinekød tilbage i gryden med alle de resterende ingredienser undtagen majsmel. Rør til det er gennemvarmet. Bland majsmel med lidt vand, rør i gryden og kog under omrøring, indtil saucen tykner.

Svinekød med agurk

Serverer 4 portioner

225 g / 8 oz magert svinekød, skåret i strimler

30 ml / 2 spsk almindeligt mel (all-purpose)

salt og friskkværnet peber

60 ml / 4 spsk jordnøddeolie (peanut)

225 g / 8 oz agurk, skrællet og skåret i skiver

30 ml / 2 spsk sojasovs

Dryp svinekødet i mel og smag til med salt og peber. Varm olien op og steg svinekødet i cirka 5 minutter, til det er gennemstegt. Tilsæt agurk og sojasovs og svits i yderligere 4 minutter. Tjek og juster krydderier og server med stegte ris.

Sprøde svinekødspakker

Serverer 4 portioner

4 kinesiske tørrede svampe

30 ml / 2 spsk jordnøddeolie (peanut)

225 g / 8 oz svinefilet, hakket (kværnet)

50 g / 2 oz pillede rejer, hakket

15 ml / 1 spsk sojasovs

15 ml / 1 spsk majsmel (majsstivelse)

30 ml / 2 spsk vand

8 pakker forårsruller

100 g / 4 oz / 1 kop majsmel (majsstivelse)

fritureolie

Udblød svampene i varmt vand i 30 minutter og afdryp. Kassér stilkene og hak hætterne fint. Varm olien op og steg svampe, svinekød, rejer og sojasovs i 2 minutter. Bland majsmel og vand, indtil det danner en pasta, og rør i blandingen for at lave fyldet.

Skær omslagene i strimler, læg lidt fyld på spidsen af hver og rul til trekanter, forsegl med lidt af mel- og vandblandingen. Drys rigeligt med majsmel. Varm olien op og steg trekanterne til de er sprøde og gyldne. Dræn godt af inden servering.

svineruller med æg

Serverer 4 portioner

225 g/8 oz magert svinekød, revet

1 skive ingefærrod, hakket

1 purløg, hakket

15 ml / 1 spsk sojasovs

15 ml / 1 spsk vand

12 æggerulleskind

1 æg, pisket

fritureolie

Bland svinekød, ingefær, løg, sojasovs og vand. Læg lidt fyld i midten af hvert skind og pensl kanterne med sammenpisket æg. Fold siderne ind og rul æggerullen væk fra dig, og forsegl kanterne med æg. Damp på en rist i en dampkoger i 30 minutter, indtil svinekødet er gennemstegt. Varm olien op og steg i et par minutter, indtil den er sprød og gylden.

Æggeruller med svinekød og rejer

Serverer 4 portioner

30 ml / 2 spsk jordnøddeolie (peanut)

225 g/8 oz magert svinekød, revet

6 forårsløg (spidskål), hakket

225 g / 8 oz bønnespirer

100 g / 4 oz pillede rejer, hakket

15 ml / 1 spsk sojasovs

2,5 ml/½ tsk salt

12 æggerulleskind

1 æg, pisket

fritureolie

Varm olien op og steg svinekød og forårsløg, indtil det er let brunet. Blancher imens bønnespirerne i kogende vand i 2 minutter og dræn. Kom bønnespirerne på panden og steg i 1 minut. Tilsæt rejer, sojasovs og salt og sauter i 2 minutter. Lad afkøle.

Læg lidt fyld i midten af hvert skind og pensl kanterne med sammenpisket æg. Fold siderne og rul æggerullerne, forsegl kanterne med æg. Varm olien op og steg æggerullerne til de er sprøde og gyldne.

Braiseret svinekød med æg

Serverer 4 portioner

450 g/1 pund magert svinekød

30 ml / 2 spsk jordnøddeolie (peanut)

1 hakket løg

90 ml / 6 spsk sojasovs

45 ml / 3 spsk risvin eller tør sherry
15 ml / 1 spsk brun farin
3 kogte æg (hårde)

Kog en gryde vand, tilsæt svinekødet, bring det i kog og lad det simre, indtil det er lukket. Tag af panden, dræn godt af og skær i tern. Varm olien op og steg løget til det er visnet. Tilsæt svinekødet og steg, indtil det er let brunet. Tilsæt sojasovsen, vin eller sherry og sukker, læg låg på og kog i 30 minutter under omrøring af og til. Skær små udskæringer på ydersiden af æggene og kom dem i gryden, læg låg på og kog i yderligere 30 minutter.

brandsvin

Serverer 4 portioner
450 g/1 lb svinefilet, skåret i strimler
30 ml / 2 spsk sojasovs
30ml/2 spsk hoisinsauce
5 ml/1 tsk fem krydderier pulver

15 ml / 1 spsk peber

15 ml / 1 spsk brun farin

15 ml / 1 spsk sesamolie

30 ml / 2 spsk jordnøddeolie (peanut)

6 forårsløg (spidskål), hakket

1 grøn peberfrugt, skåret i stykker

200 g / 7 oz bønnespirer

2 ananasskiver i tern

45 ml/3 spsk tomatketchup (catsup)

150 ml/¼ pt/generøs ½ kop hønsebouillon

Kom kødet i en skål. Bland sojasauce, hoisinsauce, fem kryddersauce, peber og sukker, hæld over kødet og mariner i 1 time. Varm olierne op og steg kødet gyldenbrunt. Fjern fra panden. Tilsæt grøntsagerne og steg i 2 minutter. Tilsæt ananas, tomatketchup og bouillon og bring det i kog. Kom kødet tilbage i gryden og varm det igennem inden servering.

Stegt svinefilet

Serverer 4 portioner

350 g / 12 oz svinefilet, i tern

15 ml / 1 spsk risvin eller tør sherry

15 ml / 1 spsk sojasovs

5 ml/1 tsk sesamolie

30 ml / 2 spsk majsmel (majsstivelse)

fritureolie

Bland svinekød, vin eller sherry, sojasovs, sesamolie og majsmel, så svinekødet er dækket af en tyk dej. Varm olien op og steg svinekødet i cirka 3 minutter, indtil det er sprødt. Fjern svinekødet fra panden, opvarm olien igen og steg igen i cirka 3 minutter.

Fem krydderier svinekød

Serverer 4 portioner

225 g / 8 oz magert svinekød

5 ml / 1 tsk majsmel (majsstivelse)

2,5 ml/½ tsk fem krydderier pulver

2,5 ml/½ tsk salt

15 ml / 1 spsk risvin eller tør sherry

20 ml / 2 spsk jordnøddeolie (peanut)

120 ml / 4 fl oz / ½ kop hønsefond

Skær svinekødet i tynde skiver mod kornet. Bland svinekødet med majsmel, pulver med fem krydderier, salt og vin eller sherry og rør godt, så det dækker svinekødet. Lad hvile i 30 minutter, rør af og til. Varm olien op, tilsæt svinekødet og steg i cirka 3 minutter. Tilsæt bouillon, bring i kog, læg låg på og kog i 3 minutter. Server straks.

Duftende flæskesteg

Serverer 6-8

1 stykke mandarinskal

45 ml / 3 spsk jordnøddeolie (peanut)

900 g / 2 lb magert svinekød, i tern

250 ml / 8 fl oz / 1 kop risvin eller tør sherry

120 ml / 4 fl oz / ½ kop sojasovs

2,5 ml/½ tsk anispulver

½ kanelstang

4 nelliker

5 ml/1 tsk salt

250 ml / 8 fl oz / 1 kop vand

2 forårsløg (spidskål), skåret i skiver

1 skive ingefærrod, hakket

Læg mandarinskallen i blød i vand, mens retten tilberedes. Varm olien op og steg svinekødet, indtil det er let brunet. Tilsæt vin eller sherry, sojasovs, anispulver, kanel, nelliker, salt og vand. Bring i kog, tilsæt mandarinskræl, purløg og ingefær. Dæk til og kog i cirka 1 1/2 time, indtil de er møre, rør af og til og tilsæt lidt ekstra kogende vand, hvis det er nødvendigt. Fjern krydderier inden servering.

Svinekød med hakket hvidløg

Serverer 4 portioner

450 g/1 lb svinemave, skind

3 skiver ingefærrod

2 forårsløg (spidskål), hakket

30 ml/2 spsk hakket hvidløg

30 ml / 2 spsk sojasovs

5 ml/1 tsk salt

15 ml / 1 spsk hønsebouillon

2,5 ml/½ tsk chiliolie

4 kviste koriander

Læg svinekødet i en gryde med ingefær og forårsløg, dæk med vand, bring det i kog og kog i 30 minutter, indtil det er gennemstegt. Fjern og dræn godt, og skær derefter i tynde skiver på ca. 5 cm/2 kvadrat. Anret skiverne i en metalsigte. Bring en gryde med vand i kog, tilsæt flæskeskiverne og kog i 3 minutter, indtil de er gennemvarme. Anret på en opvarmet serveringsfad. Bland hvidløg, sojasovs, salt, bouillon og chiliolie og hæld det over svinekødet. Server pyntet med koriander.

Stegt flæsk med ingefær

Serverer 4 portioner

225 g / 8 oz magert svinekød

5 ml / 1 tsk majsmel (majsstivelse)

30 ml / 2 spsk sojasovs

30 ml / 2 spsk jordnøddeolie (peanut)

1 skive ingefærrod, hakket

1 skalotteløg (spidskål), skåret i skiver

45 ml / 3 spsk vand

5 ml / 1 tsk brun farin

Skær svinekødet i tynde skiver mod kornet. Rør majsmel i, drys derefter med sojasovs og bland igen. Varm olien op og steg svinekødet i 2 minutter, indtil det er svitset. Tilsæt ingefær og forårsløg og svits i 1 minut. Tilsæt vand og sukker, læg låg på og kog i ca. 5 minutter, indtil det er kogt.

Svinekød med grønne bønner

Serverer 4 portioner

450 g / 1 lb grønne bønner, skåret i stykker

30 ml / 2 spsk jordnøddeolie (peanut)

2,5 ml/½ tsk salt

1 skive ingefærrod, hakket

225 g/8 oz magert svinekød, hakket (kværnet)

120 ml / 4 fl oz / ½ kop hønsefond

75 ml / 5 spiseskefulde vand

2 æg

15 ml / 1 spsk majsmel (majsstivelse)

Kog bønnerne i cirka 2 minutter og dryp dem af. Varm olien op og svits salt og ingefær i et par sekunder. Tilsæt svinekødet og steg, indtil det er let brunet. Tilsæt bønnerne og sauter i 30 sekunder, overtræk med olien. Tilsæt bouillon, bring i kog, læg låg på og kog i 2 minutter. Pisk 30 ml/2 spsk vand sammen med æggene og rør dem i gryden. Bland det resterende vand med majsmel. Når æggene begynder at stivne, røres majsmelet i og koges indtil blandingen tykner. Server straks.

Svinekød med skinke og tofu

Serverer 4 portioner

4 kinesiske tørrede svampe

5 ml / 1 tsk jordnøddeolie (peanut)

100 g / 4 oz røget skinke, skåret i skiver

225 g / 8 oz tofu, skåret i skiver

225 g / 8 oz magert svinekød, skåret i skiver

15 ml / 1 spsk risvin eller tør sherry

salt og friskkværnet peber

1 skive ingefærrod, hakket

1 skalotteløg (spidskål), hakket

10 ml / 2 tsk majsmel (majsstivelse)

30 ml / 2 spsk vand

Udblød svampene i varmt vand i 30 minutter og afdryp. Kassér stilkene og skær toppen i halve. Gnid en varmefast skål med peanut (peanut) olie. Anret svampe, skinke, tofu og svinekød i lag på tallerkenen med svinekødet ovenpå. Drys med vin eller sherry, salt og peber, ingefær og purløg. Dæk til og damp på en rist over kogende vand i cirka 45 minutter, indtil de er gennemstegte. Dræn saucen fra skålen uden at røre ved ingredienserne. Tilsæt nok vand til at lave 250 ml / 8 fl oz / 1 kop. Kombiner majsmel og vand og bland i saucen. Kom i en skål og kog under omrøring, indtil saucen er lys og tyk. Vend svinekødsblandingen ud på en opvarmet tallerken, hæld saucen over og server.

stegt svinekebab

Serverer 4 portioner

450 g/1 lb svinefilet, skåret i tynde skiver

100 g/4 oz kogt skinke, skåret i tynde skiver

6 vandkastanjer, skåret i tynde skiver

30 ml / 2 spsk sojasovs

30ml/2 spsk vineddike

15 ml / 1 spsk brun farin

15 ml / 1 spsk østerssauce

et par dråber chiliolie

45 ml / 3 spsk majsmel (majsstivelse)

30 ml / 2 spsk risvin eller tør sherry

2 æg, pisket

fritureolie

Træk skiftevis svinekød, skinke og vandkastanjer på små spyd. Bland sojasovs, vineddike, sukker, østerssauce og chiliolie. Hæld kebaberne over, læg låg på og mariner i køleskabet i 3 timer. Pisk majsmel, vin eller sherry og æg sammen til det er glat og tykt. Vrid kebaberne i dejen for at dække dem. Varm olien op og steg kebaberne, indtil de er gyldenbrune.

Svineskank stegt i rød sauce

Serverer 4 portioner

1 stor svineskank

1 l / 1½ pts / 4¼ kopper kogende vand

5 ml/1 tsk salt

120 ml / 4 fl oz / ½ kop vineddike

120 ml / 4 fl oz / ½ kop sojasovs

45 ml / 3 spiseskefulde honning

5 ml / 1 tsk enebær

5 ml/1 tsk anisfrø

5 ml/1 tsk koriander

60 ml / 4 spsk jordnøddeolie (peanut)

6 forårsløg (spidskål), skåret i skiver

2 gulerødder, skåret i tynde skiver

1 bladselleri, skåret i skiver

45ml/3 spsk hoisinsauce

30 ml/2 spsk mango chutney

75 ml/5 spsk tomatpuré (pasta)

1 fed hvidløg, knust

60 ml / 4 spsk hakket purløg

Kog svineskanken med vand, salt, vineddike, 45 ml/3 spsk sojasovs, honning og krydderier. Tilsæt grøntsagerne, bring det i kog, læg låg på og kog i cirka 1 1/2 time til kødet er mørt. Fjern kødet og grøntsagerne fra panden, skær kødet af benet og hak det. Varm olien op og steg kødet gyldenbrunt. Tilsæt grøntsagerne og svits i 5 minutter. Tilsæt resterende sojasauce, hoisinsauce, chutney, tomatpuré og hvidløg. Bring i kog under omrøring og kog i 3 minutter. Server drysset med purløg.

marineret svinekød

Serverer 4 portioner

450 g/1 pund magert svinekød

1 skive ingefærrod, hakket

1 fed hvidløg, knust

90 ml / 6 spsk sojasovs

15 ml / 1 spsk risvin eller tør sherry

45 ml / 3 spsk jordnøddeolie (peanut)

1 skalotteløg (spidskål), skåret i skiver

15 ml / 1 spsk brun farin

friskkværnet peber

Bland svinekødet med ingefær, hvidløg, 30 ml/2 spsk sojasovs og vin eller sherry. Lad det hvile i 30 minutter, rør af og til, og fjern derefter kødet fra marinaden. Varm olien op og steg svinekødet, indtil det er let brunet. Tilsæt purløg, sukker, den resterende sojasauce og et skvæt peber, læg låg på og kog i ca. 45 minutter, indtil svinekødet er gennemstegt. Skær svinekødet i tern og server.

Marinerede svinekoteletter

Serverer 6 portioner

6 svinekoteletter

1 skive ingefærrod, hakket

1 fed hvidløg, knust

90 ml / 6 spsk sojasovs

30 ml / 2 spsk risvin eller tør sherry

45 ml / 3 spsk jordnøddeolie (peanut)

2 forårsløg (spidskål), hakket

15 ml / 1 spsk brun farin

friskkværnet peber

Skær svinekoteletterne af benet og skær kødet i tern. Kombiner ingefær, hvidløg, 30 ml/2 spsk sojasovs og vin eller sherry, hæld over svinekødet og mariner i 30 minutter under omrøring af og til. Fjern kødet fra marinaden. Varm olien op og steg svinekødet, indtil det er let brunet. Tilsæt purløg og svits i 1 minut. Bland den resterende sojasovs med sukker og en knivspids peber. Bland med saucen, bring det i kog, læg låg på og kog i cirka 30 minutter, indtil svinekødet er mørt.

Svinekød med svampe

Serverer 4 portioner

25 g/1 oz tørrede kinesiske svampe
30 ml / 2 spsk jordnøddeolie (peanut)
1 fed hvidløg, hakket
225 g / 8 oz magert svinekød, skåret i skiver
4 forårsløg (spidskål), hakket
15 ml / 1 spsk sojasovs
15 ml / 1 spsk risvin eller tør sherry
5 ml/1 tsk sesamolie

Udblød svampene i varmt vand i 30 minutter og afdryp. Kassér stilkene og skær toppen af. Varm olien op og steg hvidløget let gyldent. Tilsæt svinekød og steg til det er gyldenbrunt. Tilsæt spidskål, svampe, sojasovs og vin eller sherry og svits i 3 minutter. Rør sesamolien i og server med det samme.

dampet frikadelle

Serverer 4 portioner

450 g/1 lb hakket svinekød (kværnet)

4 vandkastanjer, fint hakkede

225 g / 8 oz svampe, fint hakkede

5 ml/1 tsk sojasovs

salt og friskkværnet peber

1 æg, let pisket

Bland alle ingredienserne godt sammen og form blandingen til en flad tærte i et ovnfast fad. Stil fadet på en rist i en dampkoger, dæk til og damp i 1 ½ time.

Rødt svinekød med svampe

Serverer 4 portioner

450 g/1 lb magert svinekød, i tern

250 ml / 8 fl oz / 1 kop vand

15 ml / 1 spsk sojasovs

15 ml / 1 spsk risvin eller tør sherry

5 ml/1 tsk sukker

5 ml/1 tsk salt

225 g knapsvampe

Kom svinekød og vand i en gryde og bring vandet i kog. Dæk til og kog i 30 minutter og afdryp derefter, behold bouillonen. Kom svinekødet tilbage i gryden og tilsæt soyasovsen. Kog ved svag varme under omrøring, indtil sojasaucen er absorberet. Rør vin eller sherry, sukker og salt i. Hæld den reserverede bouillon i, bring det i kog, læg låg på og kog i cirka 30 minutter, vend kødet fra tid til anden. Tilsæt svampene og kog i yderligere 20 minutter.

svinepandekage med pasta

Serverer 4 portioner

30 ml / 2 spsk jordnøddeolie (peanut)

5 ml / 2 teskefulde salt

225 g / 8 oz magert svinekød, skåret i strimler

225 g / 8 oz kinesisk kål, hakket

100 g / 4 oz bambusskud, hakket

100 g/4 oz svampe, skåret i tynde skiver

150 ml/¼ pt/generøs ½ kop hønsebouillon

10 ml / 2 tsk majsmel (majsstivelse)

15 ml / 1 spsk risvin eller tør sherry

15 ml / 1 spsk vand

makaroni pandekage

Varm olien op og steg salt og svinekød, indtil det er let brunet. Tilsæt kål, bambusskud og svampe og steg i 1 minut. Tilsæt bouillon, bring det i kog, læg låg på og kog i 4 minutter, indtil svinekødet er gennemstegt. Pisk majsmel til en pasta med vin eller sherry og vand, rør i gryden og kog under omrøring, indtil saucen er klar og tyknet. Hæld pastapandekage over til servering.

Svinekød og rejer med nudelpandekage

Serverer 4 portioner

30 ml / 2 spsk jordnøddeolie (peanut)

5 ml/1 tsk salt

4 forårsløg (spidskål), hakket

1 fed hvidløg, knust

225 g / 8 oz magert svinekød, skåret i strimler

100 g/4 oz svampe, skåret i skiver

4 selleristængler, skåret i skiver

225 g pillede rejer

30 ml / 2 spsk sojasovs

10 ml / 1 tsk majsmel (majsstivelse)

45 ml / 3 spsk vand

makaroni pandekage

Varm olie og salt op og steg løg og hvidløg til de er gyldne. Tilsæt svinekødet og steg, indtil det er let brunet. Tilsæt svampe og selleri og svits i 2 minutter. Tilsæt rejer, drys med sojasovs og rør til de er gennemvarme. Pisk majsmel og vand sammen, indtil der dannes en pasta, rør i gryden og kog under omrøring, indtil det er varmt. Hæld pastapandekage over til servering.

Svinekød med østerssauce

Serverer 4-6

450 g/1 pund magert svinekød

15 ml / 1 spsk majsmel (majsstivelse)

10 ml / 2 tsk risvin eller tør sherry

knivspids sukker

45 ml / 3 spsk jordnøddeolie (peanut)

10 ml / 2 teskefulde vand

30 ml / 2 spsk østerssauce

friskkværnet peber

1 skive ingefærrod, hakket

60 ml / 4 spsk hønsebouillon

Skær svinekødet i tynde skiver mod kornet. Bland 5 ml/1 tsk majsmel med vinen eller sherryen, sukker og 5 ml/1 tsk olie, tilsæt svinekødet og rør det godt rundt. Bland det resterende majsmel med vandet, østerssauce og en knivspids peber. Varm den resterende olie op og steg ingefæren i 1 minut. Tilsæt svinekødet og steg, indtil det er let brunet. Tilsæt bouillon og vand og østerssauceblanding, bring det i kog, læg låg på og kog i 3 minutter.

Svinekød med jordnødder

Serverer 4 portioner

450 g/1 lb magert svinekød, i tern

15 ml / 1 spsk majsmel (majsstivelse)

5 ml/1 tsk salt

1 æggehvide

3 forårsløg (spidskål), hakket

1 fed hvidløg, hakket

1 skive ingefærrod, hakket

45 ml / 3 spsk hønsebouillon

15 ml / 1 spsk risvin eller tør sherry

15 ml / 1 spsk sojasovs

10 ml / 2 tsk sort melasse

45 ml / 3 spsk jordnøddeolie (peanut)

½ agurk i tern

25 g / 1 oz / ¼ kop afskallede jordnødder

5ml/1 tsk chiliolie

Bland svinekødet med halvdelen af majsmel, salt og æggehvide og rør godt, så det dækker svinekødet. Bland det resterende majsmel med spidskål, hvidløg, ingefær, bouillon, vin eller sherry, sojasovs og melasse. Varm olien op og steg svinekødet, indtil det er let brunet, og tag det derefter af panden. Kom agurken i gryden og svits i et par minutter. Kom svinekødet tilbage i gryden og rør let. Tilsæt krydderiblandingen, bring det i kog og kog under omrøring, indtil saucen er let og tyknet. Rør peanuts og chiliolie i og varm igennem inden servering.

Svinekød med peberfrugt

Serverer 4 portioner

45 ml / 3 spsk jordnøddeolie (peanut)

225 g/8 oz magert svinekød, i tern

1 løg, i tern

2 grønne peberfrugter, hakket

½ hoved kinesiske blade skåret i tern

1 skive ingefærrod, hakket

15 ml / 1 spsk sojasovs

15 ml / 1 spsk sukker

2,5 ml/½ tsk salt

Varm olien op og steg svinekødet i cirka 4 minutter, indtil det er gyldenbrunt. Tilsæt løget og svits i cirka 1 minut. Tilsæt peberfrugt og sauter i 1 minut. Tilsæt kinesiske blade og steg i 1 minut. Bland de resterende ingredienser, bland dem i gryden og steg i yderligere 2 minutter.

Krydret svinekød med pickles

Serverer 4 portioner

900 g / 2 lb svinekoteletter

30 ml / 2 spsk majsmel (majsstivelse)

45 ml / 3 spsk sojasovs

30 ml / 2 spsk sød sherry

5 ml/1 tsk revet ingefærrod

2,5 ml/½ tsk fem krydderier pulver

knivspids friskkværnet peber

fritureolie

60 ml / 4 spsk hønsebouillon

Kinesiske syltede grøntsager

Trim koteletter, kassér alt fedt og ben. Pisk majsmel, 30 ml/2 spsk sojasovs, sherry, ingefær, femkrydderipulver og peber sammen. Hæld svinekødet over og rør rundt, så det dækker helt. Dæk til og mariner i 2 timer, vend af og til. Varm olien op og steg svinekødet til det er gyldenbrunt og gennemstegt. Afdryp på køkkenpapir. Skær svinekødet i tykke skiver, kom over på et opvarmet fad og hold det varmt. Kom bouillon og den resterende sojasovs i en lille gryde. Bring i kog og hæld over skivet svinekød. Server pyntet med blandede pickles.

Svinekød med blommesauce

Serverer 4 portioner

450 g/1 lb braiseret svinekød i tern

2 fed hvidløg, knust

salt

60 ml/4 spsk tomatketchup (catsup)

30 ml / 2 spsk sojasovs

45 ml / 3 spsk blommesauce

5ml/1 tsk karrypulver

5 ml/1 tsk paprika

2,5 ml/½ tsk friskkværnet peber

45 ml / 3 spsk jordnøddeolie (peanut)

6 forårsløg (spidskål), skåret i strimler

4 gulerødder, skåret i strimler

Mariner kødet med hvidløg, salt, tomatketchup, sojasauce, sveskesauce, karrypulver, paprika og peber i 30 minutter. Varm olien op og steg kødet til det er let brunet. Fjern fra wok. Kom grøntsagerne i olien og steg til de er bløde. Kom kødet tilbage i gryden og varm forsigtigt op inden servering.

Svinekød med rejer

Serverer 6-8

900 g / 2 lb magert svinekød
30 ml / 2 spsk jordnøddeolie (peanut)
1 løg, skåret i skiver
1 skalotteløg (spidskål), hakket
2 fed hvidløg, knust
30 ml / 2 spsk sojasovs
50 g / 2 oz pillede rejer, hakket
(etage)
600 ml / 1 pt / 2½ kopper kogende vand
15 ml / 1 spsk sukker

Kog en gryde vand, tilsæt svinekødet, læg låg på og kog i 10 minutter. Tag af panden og dryp godt af og skær i tern. Varm olien op og steg løg, purløg og hvidløg let gyldent. Tilsæt svinekødet og steg, indtil det er let brunet. Tilsæt sojasauce og rejer og svits i 1 minut. Tilsæt kogende vand og sukker, læg låg på og kog i ca. 40 minutter, indtil svinekødet er mørt.

Rødt svinekød

Serverer 4 portioner

675 g / 1½ lb magert svinekød, i tern

250 ml / 8 fl oz / 1 kop vand

1 skive ingefærrod, knust

60 ml / 4 spsk sojasovs

15 ml / 1 spsk risvin eller tør sherry

5 ml/1 tsk salt

10 ml / 2 tsk brun farin

Kom svinekød og vand i en gryde og bring vandet i kog. Tilsæt ingefær, sojasovs, sherry og salt, læg låg på og lad det simre i 45 minutter. Tilsæt sukkeret, vend kødet, læg låg på og kog i yderligere 45 minutter, indtil svinekødet er mørt.

Svinekød i rød sauce

Serverer 4 portioner

30 ml / 2 spsk jordnøddeolie (peanut)

225 g / 8 oz svinenyrer, skåret i strimler

450 g/1 lb svinekød, skåret i strimler

1 løg, skåret i skiver

4 forårsløg (spidskål), skåret i strimler

2 gulerødder, skåret i strimler

1 bladselleri, skåret i strimler

1 rød peberfrugt, skåret i strimler

45 ml / 3 spsk sojasovs

45ml/3 spsk tør hvidvin

300 ml / ½ pt / 1¼ kopper hønsebouillon

30 ml / 2 spsk blommesauce

30ml/2 spsk vineddike

5 ml/1 tsk fem krydderier pulver

5 ml / 1 tsk brun farin

15 ml / 1 spsk majsmel (majsstivelse)

15 ml / 1 spsk vand

Varm olien op og steg nyrerne i 2 minutter, og tag dem derefter af panden. Opvarm olien igen og steg svinekødet, indtil det er let brunet. Tilsæt grøntsagerne og sauter i 3 minutter. Tilsæt sojasauce, vin, bouillon, sveskesauce, vineddike, pulver med fem krydderier og sukker, bring det i kog, læg låg på og kog i 30 minutter, indtil det er gennemstegt. Tilsæt nyrerne. Kombiner majsmel og vand og rør i gryden. Bring i kog og kog under omrøring, indtil saucen tykner.

Svinekød med risnudler

Serverer 4 portioner

4 kinesiske tørrede svampe

100 g/4 oz risnudler

225 g / 8 oz magert svinekød, skåret i strimler

15 ml / 1 spsk majsmel (majsstivelse)

15 ml / 1 spsk sojasovs

15 ml / 1 spsk risvin eller tør sherry

45 ml / 3 spsk jordnøddeolie (peanut)

2,5 ml/½ tsk salt

1 skive ingefærrod, hakket

2 selleristængler, hakket

120 ml / 4 fl oz / ½ kop hønsefond

2 forårsløg (spidskål), skåret i skiver

Udblød svampene i varmt vand i 30 minutter og afdryp. Kassér og stilke og skær toppen af. Læg pastaen i blød i varmt vand i 30 minutter, dræn den og skær den i 5 cm/2 cm stykker. Læg svinekødet i en skål. Pisk majsmel, sojasovs og vin eller sherry sammen, hæld over svinekød og vend. Varm olien op og steg salt og ingefær i et par sekunder. Tilsæt svinekødet og steg, indtil det er let brunet. Tilsæt svampe og selleri og sauter i 1 minut. Tilsæt bouillon, bring det i kog, læg låg på og kog i 2 minutter. Tilsæt og nudler og varm i 2 minutter. Rør purløg i og server med det samme.

Rige svineboller

Serverer 4 portioner

450 g/1 lb hakket svinekød (kværnet)

100 g/4 oz tofu, pureret

4 vandkastanjer, fint hakkede

salt og friskkværnet peber

120 ml / 4 fl oz / ½ kop jordnøddeolie (peanut)

1 skive ingefærrod, hakket

600 ml / 1 pt / 2½ kopper hønsefond

15 ml / 1 spsk sojasovs

5 ml / 1 tsk brun farin

5 ml/1 tsk risvin eller tør sherry

Rør svinekød, tofu og kastanjer i og smag til med salt og peber. Form store kugler. Varm olien op og steg svinebollerne, indtil de er brune på alle sider, og tag dem af panden. Dræn alt undtagen 15 ml/1 spsk olie og tilsæt ingefær, bouillon, sojasovs, sukker og vin eller sherry. Kom svinekuglerne tilbage i gryden, bring det i kog og kog langsomt i 20 minutter, indtil de er gennemstegte.

Ristede svinekoteletter

Serverer 4 portioner

4 svinekoteletter

75 ml / 5 spsk sojasovs

fritureolie

100 g selleri

3 forårsløg (spidskål), hakket

1 skive ingefærrod, hakket

15 ml / 1 spsk risvin eller tør sherry

120 ml / 4 fl oz / ½ kop hønsefond

salt og friskkværnet peber

5 ml/1 tsk sesamolie

Udblød svinekoteletter i sojasovs, indtil de er godt dækket. Varm olien op og steg koteletterne til de er gyldenbrune. Fjern og dræn godt af. Læg sellerien i bunden af en lavvandet ildfast form. Drys spidskål og ingefær over og anret svinekoteletterne ovenpå. Hæld vin eller sherry og bouillon over og smag til med salt og peber. Drys med sesamolie. Bages i en forvarmet ovn ved 200°C/400°C/gasmærke 6 i 15 minutter.

krydret svinekød

Serverer 4 portioner

1 agurk, i tern

salt

450 g/1 lb magert svinekød, i tern

5 ml/1 tsk salt

45 ml / 3 spsk sojasovs

30 ml / 2 spsk risvin eller tør sherry

30 ml / 2 spsk majsmel (majsstivelse)

15 ml / 1 spsk brun farin

60 ml / 4 spsk jordnøddeolie (peanut)

1 skive ingefærrod, hakket

1 fed hvidløg, hakket

1 rød chilipeber, kernet og hakket

60 ml / 4 spsk hønsebouillon

Drys agurken med salt og stil til side. Rør svinekød, salt, 15 ml/1 spsk sojasauce, 15 ml/1 spsk vin eller sherry, 15 ml/1 spsk majsmel, farin og 15 ml/1 spsk olivenolie i. Lad det hvile i 30 minutter og fjern kødet fra marinaden. Varm den resterende olie op og steg svinekødet, indtil det er let brunet. Tilsæt ingefær, hvidløg og chili og svits i 2 minutter. Tilsæt agurken og svits i 2 minutter. Rør bouillon og den resterende sojasovs, vin eller sherry og majsmel i marinaden. Rør dette i gryden og bring det i kog under omrøring. Kog under omrøring, indtil saucen bliver klar og tykner og fortsætter med at simre, indtil kødet er gennemstegt.

Glade flæskeskiver

Serverer 4 portioner

225 g / 8 oz magert svinekød, skåret i skiver

2 æggehvider

15 ml / 1 spsk majsmel (majsstivelse)

45 ml / 3 spsk jordnøddeolie (peanut)

50 g / 2 oz bambusskud, skåret i skiver

6 forårsløg (spidskål), hakket

2,5 ml/½ tsk salt

15 ml / 1 spsk risvin eller tør sherry

150 ml/¼ pt/generøs ½ kop hønsebouillon

Vend svinekødet med æggehvider og majsmel, indtil det er godt dækket. Varm olien op og steg svinekødet, indtil det er let brunet, og tag det derefter af panden. Tilsæt bambusskud og forårsløg og svits i 2 minutter. Kom svinekødet tilbage i gryden med salt, vin eller sherry og hønsefond. Bring i kog og kog under omrøring i 4 minutter, indtil svinekødet er gennemstegt.

Svinekød med spinat og gulerødder

Serverer 4 portioner

225 g / 8 oz magert svinekød

2 gulerødder, skåret i strimler

225 g / 8 ounce spinat

45 ml / 3 spsk jordnøddeolie (peanut)

1 skalotteløg (spidskål), finthakket

15 ml / 1 spsk sojasovs

2,5 ml/½ tsk salt

10 ml / 2 tsk majsmel (majsstivelse)

30 ml / 2 spsk vand

Skær svinekødet i tynde skiver mod kornet og skær det i strimler. Kog gulerødderne i cirka 3 minutter og afdryp. Skær spinatbladene i halve. Varm olien op og steg purløg til det er gennemsigtigt. Tilsæt svinekødet og steg, indtil det er let brunet. Tilsæt gulerødder og sojasovs og sauter i 1 minut. Tilsæt salt og spinat og svits i cirka 30 sekunder, indtil det begynder at blive blødt. Bland majsmel og vand, indtil det danner en pasta, bland det i saucen og steg til det er bleg, og server det på én gang.

dampet svinekød

Serverer 4 portioner

450 g/1 lb magert svinekød, i tern
120 ml / 4 fl oz / ½ kop sojasovs
120 ml / 4 fl oz / ½ kop risvin eller tør sherry
15 ml / 1 spsk brun farin

Bland alle ingredienser og kom i en varmebestandig skål. Damp på en grill over kogende vand i cirka 1 1/2 time, indtil de er gennemstegte.

Stegt flæsk

Serverer 4 portioner

25 g/1 oz tørrede kinesiske svampe

15 ml / 1 spsk jordnøddeolie

450 g/1 lb magert svinekød, skåret i skiver

1 grøn peberfrugt i tern

15 ml / 1 spsk sojasovs

15 ml / 1 spsk risvin eller tør sherry

5 ml/1 tsk salt

5 ml/1 tsk sesamolie

Udblød svampene i varmt vand i 30 minutter og afdryp. Kassér stilkene og skær toppen af. Varm olien op og steg svinekødet, indtil det er let brunet. Tilsæt peberfrugt og sauter i 1 minut. Tilsæt svampe, sojasovs, vin eller sherry og salt og svits et par minutter, indtil kødet er gennemstegt. Rør sesamolie i inden servering.

Svinekød med sød kartoffel

Serverer 4 portioner

fritureolie

2 store søde kartofler, skåret i tern

30 ml / 2 spsk jordnøddeolie (peanut)

1 skive ingefærrod, skåret i skiver

1 løg, skåret i skiver

450 g/1 lb magert svinekød, i tern

15 ml / 1 spsk sojasovs

2,5 ml/½ tsk salt

friskkværnet peber

250 ml / 8 fl oz / 1 kop kyllingebouillon

30ml/2 spsk karrypulver

Varm olien op og steg de søde kartofler til de er gyldenbrune. Fjern fra panden og afdryp godt. Varm peanut (peanut) olie op og steg ingefær og løg til de er let gyldne. Tilsæt svinekødet og steg, indtil det er let brunet. Tilsæt sojasovsen, salt og en knivspids peber, rør derefter bouillon og karry i, bring det i kog og kog under omrøring i 1 minut. Tilsæt fritterne, læg låg på og kog i 30 minutter, indtil svinekødet er gennemstegt.

Bittersød svinekød

Serverer 4 portioner

450 g/1 lb magert svinekød, i tern

15 ml / 1 spsk risvin eller tør sherry

15 ml / 1 spsk jordnøddeolie

5ml/1 tsk karrypulver

1 æg, pisket

salt

100 g majsmel (majsstivelse)

fritureolie

1 fed hvidløg, knust

75 g / 3 oz / ½ kop sukker

50 g tomatketchup (catsup)

5 ml/1 tsk vineddike

5 ml/1 tsk sesamolie

Bland svinekødet med vinen eller sherryen, olivenolie, karrypulver, æg og lidt salt. Rør majsmelet i, indtil svinekødet er dækket af dejen. Varm olien op til den ryger og tilsæt svineternene et par gange. Steg i cirka 3 minutter, afdryp og stil til side. Varm olien op igen og steg ternene igen i cirka 2 minutter. Fjern og dræn. Varm hvidløg, sukker, tomatketchup og vineddike op under omrøring, indtil sukkeret er opløst. Bring det i kog, og tilsæt så svineternene og rør godt rundt. Rør sesamolie i og server.

salt svinekød

Serverer 4 portioner

30 ml / 2 spsk jordnøddeolie (peanut)

450 g/1 lb magert svinekød, i tern

3 forårsløg (spidskål), skåret i skiver

2 fed hvidløg, knust

1 skive ingefærrod, hakket

250 ml / 8 fl oz / 1 kop sojasovs

30 ml / 2 spsk risvin eller tør sherry

30 ml / 2 spsk brun farin

5 ml/1 tsk salt

600 ml / 1 pt / 2½ kopper vand

Varm olien op og steg svinekødet til det er gyldenbrunt. Dræn den overskydende olie, tilsæt skalotteløg, hvidløg og ingefær og steg i 2 minutter. Tilsæt sojasovsen, vin eller sherry, sukker og salt og rør godt. Tilsæt vand, bring det i kog, dæk til og kog i 1 time.

Svinekød med tofu

Serverer 4 portioner

450 g/1 pund magert svinekød

45 ml / 3 spsk jordnøddeolie (peanut)

1 løg, skåret i skiver

1 fed hvidløg, knust

225 g / 8 oz tofu, i tern

375 ml / 13 fl oz / 1½ dl hønsefond

15 ml / 1 spsk brun farin

60 ml / 4 spsk sojasovs

2,5 ml/½ tsk salt

Læg svinekødet i en gryde og dæk med vand. Bring i kog og kog derefter i 5 minutter. Dræn og lad afkøle og skær i tern.

Varm olien op og steg løg og hvidløg let gyldne. Tilsæt svinekødet og steg, indtil det er let brunet. Tilsæt tofu og rør forsigtigt, indtil det er dækket med olie. Tilsæt bouillon, sukker, sojasovs og salt, bring det i kog, læg låg på og kog i ca. 40 minutter, indtil svinekødet er mørt.

blødt svinekød

Serverer 4 portioner

225 g / 8 oz svinefilet, i tern

1 æggehvide

30 ml / 2 spsk risvin eller tør sherry

salt

225 g / 8 oz majsmel (majsstivelse)

fritureolie

Bland svinekødet med æggehviden, vin eller sherry og lidt salt. Arbejd gradvist nok majsmel ind til en tyk dej. Varm olien op og steg svinekødet, indtil det er gyldenbrunt og sprødt udenpå og mørt indeni.

To gange Pig

Serverer 4 portioner

225 g / 8 oz magert svinekød
45 ml / 3 spsk jordnøddeolie (peanut)
2 grønne peberfrugter, skåret i stykker
2 fed hvidløg, hakket
2 forårsløg (spidskål), skåret i skiver
15 ml / 1 spsk varm bønnesauce
15 ml / 1 spsk hønsebouillon
5 ml/1 tsk sukker

Kom svinekødsstykket i en gryde, dæk med vand, bring det i kog og kog i 20 minutter, indtil det er kogt. Fjern og afdryp og lad afkøle. Skær i tynde skiver.

Varm olien op og steg svinekødet, indtil det er let brunet. Tilsæt peberfrugt, hvidløg og purløg og svits i 2 minutter. Fjern fra panden. Tilsæt bønnesauce, bouillon og sukker til gryden og kog under omrøring i 2 minutter. Kom svinekød og peberfrugt tilbage og steg, indtil det er gennemvarmet. Server med det samme.

Svinekød med grøntsager

Serverer 4 portioner

2 fed hvidløg, knust

5 ml/1 tsk salt

2,5 ml/½ tsk friskkværnet peber

30 ml / 2 spsk jordnøddeolie (peanut)

30 ml / 2 spsk sojasovs

225 g broccolibuketter

200 g blomkålsbuketter

1 rød peberfrugt i tern

1 hakket løg

2 appelsiner, skrællet og skåret i tern

1 stykke ingefærstilk, hakket

30 ml / 2 spsk majsmel (majsstivelse)

300 ml / ½ pt / 1¼ kopper vand

20ml/2 spsk vineddike

15 ml/1 spsk honning

knivspids malet ingefær

2,5 ml/½ tsk spidskommen

Knus hvidløg, salt og peber i kødet. Varm olien op og steg kødet til det er let brunet. Fjern fra panden. Tilsæt sojasovsen og grøntsagerne på panden og steg, indtil de er bløde, men stadig sprøde. Tilsæt appelsiner og ingefær. Kombiner majsmel og vand og rør i gryden med vineddike, honning, ingefær og spidskommen. Bring i kog og kog under omrøring i 2 minutter. Kom svinekødet tilbage i gryden og varm igennem inden servering.

Svinekød med nødder

Serverer 4 portioner

50 g / 2 oz / ½ kop valnødder

225 g / 8 oz magert svinekød, skåret i strimler

30 ml / 2 spsk almindeligt mel (all-purpose)

30 ml / 2 spsk brun farin

30 ml / 2 spsk sojasovs

fritureolie

15 ml / 1 spsk jordnøddeolie

Blancher valnødderne i kogende vand i 2 minutter og afdryp. Vend svinekødet med mel, sukker og 15 ml/1 spsk sojasovs, indtil det er godt dækket. Varm olien op og steg svinekødet sprødt og gyldenbrunt. Afdryp på køkkenpapir. Varm peanut (peanut) olie op og steg nødderne, indtil de er gyldenbrune. Kom svinekødet i gryden, drys med den resterende sojasovs og steg, indtil det er gennemvarmet.

svinekød wontons

Serverer 4 portioner

450 g/1 lb hakket svinekød (kværnet)
1 skalotteløg (spidskål), hakket
225 g / 8 oz blandede grøntsager, hakket
30 ml / 2 spsk sojasovs
5 ml/1 tsk salt
40 wonton skind
fritureolie

Varm en pande op og steg svinekød og purløg til det er let brunet. Fjern fra varmen og rør grøntsager, sojasovs og salt i.

For at folde wontons skal du holde skindet i din venstre håndflade og placere lidt fyld i midten. Fugt kanterne med æg og fold skindet til en trekant, forsegl kanterne. Fugt hjørnerne med æg og sno dem sammen.

Varm olien op og steg wontons et par ad gangen, indtil de er gyldenbrune. Dræn godt af inden servering.

Svinekød med vandkastanjer

Serverer 4 portioner

45 ml / 3 spsk jordnøddeolie (peanut)

1 fed hvidløg, knust

1 skalotteløg (spidskål), hakket

1 skive ingefærrod, hakket

225 g / 8 oz magert svinekød, skåret i strimler

100 g / 4 oz vandkastanjer, skåret i tynde skiver

45 ml / 3 spsk sojasovs

15 ml / 1 spsk risvin eller tør sherry

5 ml / 1 tsk majsmel (majsstivelse)

Varm olien op og steg hvidløg, skalotteløg og ingefær let gyldne. Tilsæt svinekødet og steg i 10 minutter, indtil det er gyldenbrunt. Tilsæt vandkastanjerne og svits i 3 minutter. Tilsæt de øvrige ingredienser og svits i 3 minutter.

Svinekød og rejer Wontons

Serverer 4 portioner

225 g / 8 oz hakket svinekød (kværnet)

2 forårsløg (spidskål), hakket

100 g / 4 oz blandede grøntsager, hakket

100 g/4 oz champignon, hakket

225 g / 8 oz pillede rejer, hakket

15 ml / 1 spsk sojasovs

2,5 ml/½ tsk salt

40 wonton skind

fritureolie

Varm en pande op og steg svinekød og purløg til det er let brunet. Tilsæt resten af ingredienserne.

For at folde wontons skal du holde skindet i din venstre håndflade og placere lidt fyld i midten. Fugt kanterne med æg og fold skindet til en trekant, forsegl kanterne. Fugt hjørnerne med æg og sno dem sammen.

Varm olien op og steg wontons et par ad gangen, indtil de er gyldenbrune. Dræn godt af inden servering.

Dampede hakkede frikadeller

Serverer 4 portioner

2 fed hvidløg, knust

2,5 ml/½ tsk salt

450 g/1 lb hakket svinekød (kværnet)

1 hakket løg

1 rød peberfrugt, hakket

1 grøn peberfrugt, hakket

2 stykker hakket ingefærstilk

5ml/1 tsk karrypulver

5 ml/1 tsk paprika

1 æg, pisket

45 ml / 3 spsk majsmel (majsstivelse)

50 g/2 oz kortkornet ris

salt og friskkværnet peber

60 ml / 4 spsk hakket purløg

Rør hvidløg, salt, svinekød, løg, chili, ingefær, karry og paprika i. Arbejd ægget ind i blandingen med majsmel og ris. Smag til med salt og peber, og rør derefter purløg i. Med våde hænder formes blandingen til små kugler. Læg dem i en dampkoger, dæk til og kog i kogende vand i 20 minutter, indtil de er kogte.

Ribben med sorte bønnesauce

Serverer 4 portioner

900 g / 2 lb svineribs

2 fed hvidløg, knust

2 forårsløg (spidskål), hakket

30 ml / 2 spsk sort bønnesauce

30 ml / 2 spsk risvin eller tør sherry

15 ml / 1 spsk vand

30 ml / 2 spsk sojasovs

15 ml / 1 spsk majsmel (majsstivelse)

5 ml/1 tsk sukker

120 ml / 4 fl oz ½ kop vand

30 ml/2 spsk olie

2,5 ml/½ tsk salt

120 ml / 4 fl oz / ½ kop hønsefond

Skær spareribs i 2,5 cm/1. Rør hvidløg, purløg, sort bønnesauce, vin eller sherry, vand og 15 ml/1 spsk sojasauce i. Bland resten af sojasaucen med majsmel, sukker og vand. Varm olie og salt op og steg ribbenene til de er gyldenbrune. Dræn olien af. Tilsæt hvidløgsblandingen og svits i 2 minutter. Tilsæt bouillon, bring det i kog, læg låg på og kog i 4 minutter. Tilsæt majsmelblandingen og kog under omrøring, indtil saucen er lysnet og tyknet.

braiserede korte ribben

Serverer 4 portioner

3 fed hvidløg, knust

75 ml / 5 spsk sojasovs

60 ml/4 spsk hoisinsauce

60 ml / 4 spsk risvin eller tør sherry

45ml / 3 spsk brun farin

30 ml / 2 spsk tomatpuré (pasta)

900 g / 2 lb svineribs

15 ml/1 spsk honning

Kombiner hvidløg, sojasauce, hoisinsauce, vin eller sherry, brun farin og tomatpuré, hæld over ribbenene, læg låg på og mariner natten over.

Dræn ribbenene og læg dem på en rist i en bradepande med lidt vand under. Bag i en forvarmet ovn ved 180°C/350°F/gas 4 i 45 minutter, dryp lejlighedsvis med marinaden, og gem 30 ml/2 spiseskefulde af marinaden. Bland den reserverede marinade med honningen og pensl over ribbenene. Grill eller grill (grill) under en varm grill i cirka 10 minutter.

Brændt ahornkotelet

Serverer 4 portioner

900 g / 2 lb svineribs

60 ml / 4 spsk ahornsirup

5 ml/1 tsk salt

5 ml/1 tsk sukker

45 ml / 3 spsk sojasovs

15 ml / 1 spsk risvin eller tør sherry

1 fed hvidløg, knust

Skær spareribs i 5 cm/2 cm stykker og læg dem i en skål. Bland alle ingredienserne, tilsæt ribbenene og bland godt. Dæk til og lad marinere natten over. Grill (grill) eller grill ved middel varme i cirka 30 minutter.

Stegte koteletter

Serverer 4 portioner

900 g / 2 lb svineribs

120 ml / 4 fl oz / ½ kop tomatketchup (catsup)

120 ml / 4 fl oz / ½ kop vineddike

60 ml/4 spsk mango chutney

45 ml / 3 spsk risvin eller tør sherry

2 fed hvidløg, hakket

5 ml/1 tsk salt

45 ml / 3 spsk sojasovs

30 ml/2 spsk honning

15ml/1 spsk mild karrypulver

15 ml/1 spsk paprika

fritureolie

60 ml / 4 spsk hakket purløg

Læg ribbenene i en skål. Bland alle ingredienser undtagen olie og purløg, hæld over ribben, læg låg på og mariner i mindst 1 time. Varm olien op og steg ribbenene til de er sprøde. Server drysset med purløg.

Ribben med porre

Serverer 4 portioner

450 g/1 lb svinekød ribben

fritureolie

250 ml / 8 fl oz / 1 kop bouillon

30 ml / 2 spsk tomatketchup (catsup)

2,5 ml/½ tsk salt

2,5 ml/½ tsk sukker

2 porrer, skåret i stykker

6 forårsløg (spidskål), skåret i stykker

50 g broccolibuketter

5 ml/1 tsk sesamolie

Skær ribbenene i 5 cm/2 stykker. Varm olien op og steg ribbenene, indtil de begynder at blive brune. Fjern dem fra gryden og hæld alt på nær 30 ml/2 spsk olie. Tilsæt bouillon, tomatketchup, salt og sukker, bring det i kog og kog i 1 minut. Kom ribbenene tilbage i gryden og kog i cirka 20 minutter, indtil de er møre.

Varm imens yderligere 30 ml/2 spsk olie op og steg porrer, forårsløg og broccoli i cirka 5 minutter. Drys med sesamolie og anret rundt om en varm serveringsfad. Læg ribbenene og saucen i midten og server.

Ribben med svampe

Serverer 4-6

6 kinesiske tørrede svampe

900 g / 2 lb svineribs

2 nelliker stjerneanis

45 ml / 3 spsk sojasovs

5 ml/1 tsk salt

15 ml / 1 spsk majsmel (majsstivelse)

Udblød svampene i varmt vand i 30 minutter og afdryp. Kassér og stilke og skær toppen af. Skær ribbenene i 5 cm/2 stykker. Bring en gryde med vand i kog, tilsæt ribbenene og kog i 15 minutter. Tør godt. Kom ribbenene tilbage i gryden og dæk med koldt vand. Tilsæt svampe, stjerneanis, sojasovs og salt. Bring det i kog, læg låg på og kog i cirka 45 minutter, indtil kødet er mørt. Bland majsmelet med lidt koldt vand, rør det i gryden og kog under omrøring, indtil saucen bliver klar og tykner.

Ribben med appelsin

Serverer 4 portioner

900 g / 2 lb svineribs

5 ml / 1 tsk revet ost

5 ml / 1 tsk majsmel (majsstivelse)

45 ml / 3 spsk risvin eller tør sherry

salt

fritureolie

15 ml / 1 spsk vand

2,5 ml/½ tsk sukker

15 ml / 1 spsk tomatpuré (pasta)

2,5 ml/½ tsk chilisauce

revet skal af 1 appelsin

1 appelsin, skåret i skiver

Skær spareribsene i stykker og vend dem med ost, majsmel, 5 ml/1 tsk vin eller sherry og en knivspids salt. Lad det marinere i 30 minutter. Varm olien op og steg ribbenene i cirka 3 minutter, indtil de er gyldenbrune. Opvarm 15 ml/1 spsk olivenolie i en wok, tilsæt vand, sukker, tomatpure, chilisauce, appelsinskal og resterende vin eller sherry og rør ved svag varme i 2 minutter. Tilsæt svinekødet og rør, indtil det er godt dækket. Overfør til en varm tallerken og server pyntet med appelsinskiver.

ananas kotelet

Serverer 4 portioner

900 g / 2 lb svineribs

600 ml / 1 pt / 2½ kopper vand

30 ml / 2 spsk jordnøddeolie (peanut)

2 fed hvidløg, finthakket

200 g / 7 oz dåse ananas bidder i frugtjuice

120 ml / 4 fl oz / ½ kop hønsefond

60 ml / 4 spsk vineddike

50 g / 2 oz / ¼ kop brun farin

15 ml / 1 spsk sojasovs

15 ml / 1 spsk majsmel (majsstivelse)

3 forårsløg (spidskål), hakket

Kom svinekød og vand i en gryde, bring det i kog, læg låg på og kog i 20 minutter. Tør godt.

Varm olien op og steg hvidløget let gyldent. Tilsæt ribbenene og steg, indtil de er godt dækket af olien. Dræn ananasstykkerne og tilsæt 120 ml/4 fl oz/½ kop juice til gryden med bouillon, vineddike, sukker og sojasovs. Bring i kog, læg låg på og kog i 10 minutter. Tilsæt den drænede ananas. Bland majsmelet med lidt vand, rør i saucen og kog under omrøring, indtil saucen er lysnet og tyknet. Server drysset med purløg.

Sprød rejekotelet

Serverer 4 portioner

900 g / 2 lb svineribs

450 g/1 pund pillede rejer

5 ml/1 tsk sukker

salt og friskkværnet peber

30 ml / 2 spsk almindeligt mel (all-purpose)

1 æg, let pisket
100 g / 4 oz brødkrummer
fritureolie

Skær ribbenene i 5 cm/2 stykker. Fjern lidt af kødet og hak det med rejer, sukker, salt og peber. Bland mel og nok æg til at gøre blandingen klistret. Tryk rundt om ribbensstykkerne og drys dem med rasp. Varm olien op og steg ribbenene til de kommer op til overfladen. Dræn godt af og server varm.

Ribben med risvin

Serverer 4 portioner

900 g / 2 lb svineribs
450 ml / ¾ pt / 2 kopper vand
60 ml / 4 spsk sojasovs
5 ml/1 tsk salt
30 ml/2 spsk risvin
5 ml/1 tsk sukker

Skær ribbenene i 2,5 cm/1. Kom i en gryde med vand, sojasovs og salt, bring det i kog, læg låg på og kog i 1 time. Tør godt. Varm en pande op og tilsæt ribben, risvin og sukker. Steg ved høj varme, indtil væsken fordamper.

Ribben med sesamfrø

Serverer 4 portioner

900 g / 2 lb svineribs

1 æg

30 ml / 2 spsk almindeligt mel (all-purpose)

5 ml / 1 tsk kartoffelmel

45 ml / 3 spsk vand

fritureolie

30 ml / 2 spsk jordnøddeolie (peanut)

30 ml / 2 spsk tomatketchup (catsup)

30 ml / 2 spsk brun farin

10 ml/2 tsk vineddike

45 ml/3 spsk sesamfrø

4 salatblade

Skær ribbenene i 10 cm/4 cm stykker og læg dem i en skål. Bland ægget med mel, kartoffelmel og vand, tilsæt til ribbenene og lad det hvile i 4 timer.

Varm olien op og steg ribbenene til de er gyldenbrune, tag dem ud og afdryp. Varm olien op og steg tomatketchup, farin, vineddike i et par minutter. Tilsæt spareribs og steg, indtil de er godt dækket. Drys med sesamfrø og steg i 1 minut. Anret salatbladene på en varm tallerken, top med ribbenene og server.

Koteletter med sursød sauce

Serverer 4 portioner

900 g / 2 lb svineribs

600 ml / 1 pt / 2½ kopper vand

30 ml / 2 spsk jordnøddeolie (peanut)

2 fed hvidløg, knust

5 ml/1 tsk salt

100 g / 4 oz / ½ kop brun farin

75 ml / 5 spsk hønsebouillon

60 ml/4 spsk vineddike

100 g / 4 oz ananas bidder i sirup

15 ml / 1 spsk tomatpuré (pasta)

15 ml / 1 spsk sojasovs

15 ml / 1 spsk majsmel (majsstivelse)

30 ml / 2 spsk revet kokosnød

Kom svinekød og vand i en gryde, bring det i kog, læg låg på og kog i 20 minutter. Tør godt.

Varm olien op og steg ribbenene med hvidløg og salt til de er gyldenbrune. Tilsæt sukker, bouillon og vineddike og bring det i kog. Dræn ananassen og tilsæt 30 ml/2 spsk af siruppen til gryden med tomatpuré, sojasovs og majsmel. Rør godt rundt og

lad det simre under omrøring, indtil saucen er let og tyknet.
Tilsæt ananas, kog i 3 minutter og server drysset med kokos.

Braiseret ribben

Serverer 4 portioner

900 g / 2 lb svineribs

1 æg, pisket

5 ml/1 tsk sojasovs

5 ml/1 tsk salt

10 ml / 2 tsk majsmel (majsstivelse)

10 ml / 2 teskefulde sukker

60 ml / 4 spsk jordnøddeolie (peanut)

250 ml / 8 fl oz / 1 kop vineddike

250 ml / 8 fl oz / 1 kop vand

250 ml / 8 fl oz / 1 kop risvin eller tør sherry

Læg ribbenene i en skål. Bland ægget med sojasovsen, salt, halvdelen af majsmelet og halvdelen af sukkeret, tilsæt spareribsene og bland godt. Varm olien op og steg ribbenene til de er gyldenbrune. Tilsæt de resterende ingredienser, bring i kog og kog indtil væsken næsten er fordampet.

Ribben med tomat

Serverer 4 portioner

900 g / 2 lb svineribs

75 ml / 5 spsk sojasovs

30 ml / 2 spsk risvin eller tør sherry

2 æg, pisket

45 ml / 3 spsk majsmel (majsstivelse)

fritureolie

45 ml / 3 spsk jordnøddeolie (peanut)

1 løg, skåret i tynde skiver

250 ml / 8 fl oz / 1 kop kyllingebouillon

60 ml/4 spsk tomatketchup (catsup)

10 ml / 2 tsk brun farin

Skær spareribs i 2,5 cm/1. Bland med 60 ml/4 spsk sojasovs og vinen eller sherryen og mariner i 1 time, mens der røres af og til. Dræn, kassér marinaden. Dyp spareribsene i ægget og derefter i majsmel. Varm olien op og steg ribbenene, et par ad gangen, til de er gyldenbrune. Tør godt. Varm peanut (peanut) olie op og steg løget, indtil det er gennemsigtigt. Tilsæt bouillon, resterende sojasovs, ketchup og brun farin og kog 1 minut under omrøring. Tilsæt ribbenene og kog i 10 minutter.

Grillstegt flæsk

Serverer 4-6

1,25 kg / 3 lb udbenet svinekødskulder
2 fed hvidløg, knust
2 forårsløg (spidskål), hakket
250 ml / 8 fl oz / 1 kop sojasovs
120 ml / 4 fl oz / ½ kop risvin eller tør sherry
100 g / 4 oz / ½ kop brun farin
5 ml/1 tsk salt

Læg svinekødet i en skål. Bland de resterende ingredienser, hæld over svinekød, læg låg på og mariner i 3 timer. Overfør svinekødet og marinaden til en bradepande og bag i en forvarmet ovn ved 200°C/400°F/gas 6 i 10 minutter. Reducer temperaturen til 160°C/325°F/gasmærke 3 i 1¾ time, indtil svinekødet er gennemstegt.

Kold flæsk med sennep

Serverer 4 portioner

1 kg/2 lb udbenet flæskesteg
250 ml / 8 fl oz / 1 kop sojasovs
120 ml / 4 fl oz / ½ kop risvin eller tør sherry
100 g / 4 oz / ½ kop brun farin
3 forårsløg (spidskål), hakket
5 ml/1 tsk salt
30 ml / 2 spsk pulveriseret sennep

Læg svinekødet i en skål. Bland alle de resterende ingredienser undtagen sennep og hæld over svinekød. Lad marinere i mindst 2 timer, dryp ofte. Beklæd en bageplade med alufolie og læg svinekødet på en rist i gryden. Steg i en forvarmet ovn ved 200°C/400°F/gasmærke 6 i 10 minutter, og reducer derefter temperaturen til 160°C/325°F/gasmærke 3 i yderligere 1¾ time, indtil kødet er mørt. bud. Lad det køle af og sæt det derefter i køleskabet. Skær det fint. Bland sennepspulveret med nok vand til at lave en cremet pasta til servering med svinekødet.

Kinesisk flæskesteg

Serverer 6 portioner

1,25 kg / 3 lb stykke svinekød, tykke skiver
2 fed hvidløg, finthakket
30 ml / 2 spsk risvin eller tør sherry
15 ml / 1 spsk brun farin
15 ml/1 spsk honning
90 ml / 6 spsk sojasovs
2,5 ml/½ tsk fem krydderier pulver

Anret svinekødet i et lavt fad. Bland de resterende ingredienser, hæld over svinekød, læg låg på og mariner i køleskabet natten over, vend og drys af og til.

Anret flæskeskiverne på en rist i et ovnfast fad fyldt med lidt vand og dryp godt med marinaden. Steg i en forvarmet ovn ved 180°C/350°F/gasmærke 5 i ca. 1 time, og drys af og til, indtil svinekødet er gennemstegt.

Svinekød med spinat

Serverer 6-8

30 ml / 2 spsk jordnøddeolie (peanut)
1,25 kg / 3 lb svinemørbrad
250 ml / 8 fl oz / 1 kop kyllingebouillon
15 ml / 1 spsk brun farin
60 ml / 4 spsk sojasovs
900 g / 2 lb spinat

Varm olien op og brun kødet på alle sider. Fjern det meste af fedtet. Tilsæt bouillon, sukker og sojasovs, bring det i kog, læg låg på og kog i ca. 2 timer, indtil svinekødet er gennemstegt. Tag kødet af panden og lad det køle lidt af, og skær det derefter i skiver. Tilsæt spinaten til gryden og kog under forsigtigt omrøring, indtil den er blød. Dræn spinaten og anret den på en varm tallerken. Top med flæskeskiverne og server.

stegte flæskekugler

Serverer 4 portioner

450 g/1 lb hakket svinekød (kværnet)

1 skive ingefærrod, hakket

15 ml / 1 spsk majsmel (majsstivelse)

15 ml / 1 spsk vand

2,5 ml/½ tsk salt

10 ml/2 tsk sojasovs

fritureolie

Rør svinekød og ingefær i. Pisk majsmel, vand, salt og sojasovs sammen, og rør derefter blandingen i svinekødet og bland godt. Lav kugler på størrelse med valnødder. Varm olien op og steg svinebollerne, indtil de stiger op til oliens overflade. Fjern fra olie og genopvarm. Kom svinekødet tilbage i gryden og steg i 1 minut. Tør godt.

Æggeruller med svinekød og rejer

Serverer 4 portioner

30 ml / 2 spsk jordnøddeolie (peanut)

225 g / 8 oz hakket svinekød (kværnet)

225 g rejer

100 g / 4 oz kinesiske blade, hakket

100 g / 4 oz bambusskud, skåret i strimler

100 g / 4 oz vandkastanjer, skåret i strimler

10 ml/2 tsk sojasovs

5 ml/1 tsk salt

5 ml/1 tsk sukker

3 forårsløg (spidskål), finthakket

8 æggerulleskind

fritureolie

Varm olien op og steg svinekødet, indtil det er svitset. Tilsæt rejerne og svits i 1 minut. Tilsæt kinesiske blade, bambusskud, vandkastanjer, sojasovs, salt og sukker og steg i 1 minut, dæk derefter til og kog i 5 minutter. Tilsæt purløg, vend i en sigte og lad det dryppe af.

Læg et par skefulde af fyldblandingen i midten af hvert æggerulleskind, fold i bunden, fold siderne ind, rul derefter opad, omslutt fyldet. Luk kanten med lidt mel og vandblanding og lad det tørre i 30 minutter. Varm olien op og steg æggerullerne i cirka 10 minutter, til de er sprøde og gyldne. Dræn godt af inden servering.

Dampet hakket svinekød

Serverer 4 portioner

450 g/1 lb hakket svinekød (kværnet)
5 ml / 1 tsk majsmel (majsstivelse)
2,5 ml/½ tsk salt
10 ml/2 tsk sojasovs

Bland svinekødet med de resterende ingredienser og fordel blandingen i et lavt fad. Kom i en dampkoger over kogende vand og damp i cirka 30 minutter, indtil den er gennemstegt. Serveres varm.

Stegt flæsk med krabbekød

Serverer 4 portioner

225 g / 8 oz krabbekød, i flager

100 g/4 oz champignon, hakket

100 g / 4 oz bambusskud, hakket

5 ml / 1 tsk majsmel (majsstivelse)

2,5 ml/½ tsk salt

225 g / 8 oz kogt svinekød, skåret i skiver

1 æggehvide, let pisket

fritureolie

15ml/1 spsk hakket frisk persille

Rør krabbekød, svampe, bambusskud, det meste af majsmel og salt i. Skær kødet i 5 cm/2 firkanter. Lav sandwich med krabbekødblandingen. Dyp i æggehvider. Varm olien op og steg sandwichene, et par ad gangen, til de er gyldenbrune. Tør godt. Server drysset med persille.

Svinekød med bønnespirer

Serverer 4 portioner

30 ml / 2 spsk jordnøddeolie (peanut)

2,5 ml/½ tsk salt

2 fed hvidløg, knust

450 g / 1 lb bønnespirer

225 g / 8 oz kogt svinekød, skåret i tern

120 ml / 4 fl oz / ½ kop hønsefond

15 ml / 1 spsk sojasovs

15 ml / 1 spsk risvin eller tør sherry

5 ml/1 tsk sukker

15 ml / 1 spsk majsmel (majsstivelse)

2,5 ml/½ tsk sesamolie

3 forårsløg (spidskål), hakket

Varm olien op og steg salt og hvidløg let gyldent. Tilsæt bønnespirer og svinekød og svits i 2 minutter. Tilsæt halvdelen af bouillonen, bring det i kog, læg låg på og kog i 3 minutter. Bland den resterende bouillon med resten af ingredienserne, rør i gryden, bring det i kog og kog i 4 minutter under omrøring. Server drysset med purløg.

beruset gris

Serverer 6 portioner

1,25 kg/3 lb udbenet svinekød

30 ml / 2 spsk salt

friskkværnet peber

1 skalotteløg (spidskål), hakket

2 fed hvidløg, hakket

1 flaske tør hvidvin

Læg svinekødet i en gryde og tilsæt salt, peber, purløg og hvidløg. Dæk med kogende vand, bring det i kog, dæk til og kog i 30 minutter. Fjern svinekødet fra panden, afkøl og tør i 6 timer eller natten over i køleskabet. Skær svinekødet i store stykker og læg det i et stort glas med skruetop. Dæk med vinen, dæk til og opbevar i køleskabet i mindst 1 uge.

dampet svinelår

Serverer 6-8

1 lille svinelår

90 ml / 6 spsk sojasovs

450 ml / ¾ pt / 2 kopper vand

45ml / 3 spsk brun farin

15 ml / 1 spsk risvin eller tør sherry

30 ml / 2 spsk jordnøddeolie (peanut)

3 fed hvidløg, knust

450 g/1 pund spinat

2,5 ml/½ tsk salt

30 ml / 2 spsk majsmel (majsstivelse)

Gennembor alt svineskind med en skarp kniv og gnid 30 ml/2 spsk sojasauce ind. Kom i en tyk gryde med vandet, bring i kog, dæk til og kog i 40 minutter. Dræn, behold væsken, og lad svinekødet køle af, og læg det derefter i en varmefast skål.

Bland 15 ml/1 spsk sukker, vinen eller sherryen og 30 ml/2 spsk sojasovs og gnid over svinekødet. Varm olien op og steg hvidløget let gyldent. Tilsæt det resterende sukker og sojasovs, hæld blandingen over svinekødet og dæk skålen. Sæt skålen i en wok og fyld den halvt op ad siderne med vand. Dæk til og damp i cirka 1 1/2 time, efterfyld med kogende vand efter behov. Skær spinaten i 5 cm/2 stykker og drys med salt. Kog en gryde vand og hæld spinaten over. Lad stå i 2 minutter, indtil spinaten begynder at blive blød, dræn og anret den på en opvarmet tallerken. Læg svinekødet ovenpå. Bring svinebouillonen i kog. Bland majsmel med lidt vand, rør i bouillonen og kog under omrøring, indtil saucen klarner og tykner. Hæld svinekødet over og server.

Flæskesteg med grøntsager

Serverer 4 portioner

50 g / 2 oz / ½ kop blancherede mandler

30 ml / 2 spsk jordnøddeolie (peanut)

salt

100 g/4 oz champignon i tern

100 g / 4 oz bambusskud, skåret i tern

1 løg, i tern

2 selleristængler, skåret i tern

100 g / 4 oz mangetout (ærter), i tern

4 vandkastanjer skåret i tern

1 skalotteløg (spidskål), hakket

20 ml / 4 fl oz / ½ kop kyllingebouillon

225 g / 8 oz Grillstegt flæsk, i tern

15 ml / 1 spsk majsmel (majsstivelse)

45 ml / 3 spsk vand

2,5 ml/½ tsk sukker

friskkværnet peber

Rist mandlerne til de er let gyldne. Varm olie og salt op, tilsæt derefter grøntsagerne og steg i 2 minutter, indtil de er dækket med olie. Tilsæt bouillon, bring det i kog, læg låg på og kog i 2 minutter, indtil grøntsagerne er næsten gennemstegte, men stadig sprøde. Tilsæt svinekød og varm igennem. Bland majsmel, vand, sukker og peber og rør i saucen. Kog under omrøring, indtil saucen bliver klar og tykner.

To gange Pig

Serverer 4 portioner

45 ml / 3 spsk jordnøddeolie (peanut)

6 forårsløg (spidskål), hakket

1 fed hvidløg, knust

1 skive ingefærrod, hakket

2,5 ml/½ tsk salt

225 g / 8 oz kogt svinekød, skåret i tern

15 ml / 1 spsk sojasovs

15 ml / 1 spsk risvin eller tør sherry

30 ml/2 spsk bønnepasta

Varm olien op og steg løg, hvidløg, ingefær og salt let gyldent. Tilsæt svinekødet og svits i 2 minutter. Tilsæt sojasovsen, vin eller sherry og bønnepasta og steg i 3 minutter.

Svinekød Nyrer med Mangetout

Serverer 4 portioner

4 svinenyrer, halveret og udstenet

30 ml / 2 spsk jordnøddeolie (peanut)

2,5 ml/½ tsk salt

1 skive ingefærrod, hakket

3 selleristængler, hakket

1 hakket løg

30 ml / 2 spsk sojasovs

15 ml / 1 spsk risvin eller tør sherry

5 ml/1 tsk sukker

60 ml / 4 spsk hønsebouillon

225 g / 8 oz mangetout (ærter)

15 ml / 1 spsk majsmel (majsstivelse)

45 ml / 3 spsk vand

Kog nyrerne i 10 minutter, dræn og skyl i koldt vand. Varm olien op og steg salt og ingefær i et par sekunder. Tilsæt nyrerne og steg i 30 sekunder, indtil de er belagt med olie. Tilsæt selleri og løg og svits i 2 minutter. Tilsæt sojasovsen, vin eller sherry og sukker og sauter i 1 minut. Tilsæt bouillon, bring det i kog, læg låg på og kog i 1 minut. Tilsæt mangetout, læg låg på og kog i 1 minut. Pisk majsmel og vand sammen, rør derefter i saucen og kog indtil saucen er blevet lysere og tyknet. Server med det samme.

Rød skinke med kastanjer

Serverer 4-6

1,25 kg/3 lb skinke

2 forårsløg (spidskål), halveret

2 fed hvidløg, knust

45ml / 3 spsk brun farin

30 ml / 2 spsk risvin eller tør sherry

60 ml / 4 spsk sojasovs

450 ml / ¾ pt / 2 kopper vand

350 g / 12 ounce kastanjer

Læg skinken i en gryde med skalotteløg, hvidløg, sukker, vin eller sherry, sojasovs og vand. Bring i kog, læg låg på og kog i cirka 1 1/2 time, vend skinken af og til. Blancher kastanjerne i kogende vand i 5 minutter og afdryp. Tilføj til skinken, dæk til og kog i 1 time mere, vend skinken en eller to gange.

Stegt skinke og æggekugler

Serverer 4 portioner

225 g / 8 oz røget skinke, hakket

2 forårsløg (spidskål), hakket

3 sammenpisket æg

4 skiver gammelt brød

10 ml / 2 spsk almindeligt mel (all-purpose)

2,5 ml/½ tsk salt

fritureolie

Rør skinke, purløg og æg i. Lav brødet til krummer og bland det i skinken med mel og salt. Lav kugler på størrelse med valnødder. Varm olien op og steg frikadellerne til de er gyldenbrune. Afdryp godt på køkkenpapir.

Skinke og ananas

Serverer 4 portioner

4 kinesiske tørrede svampe

15 ml / 1 spsk jordnøddeolie

1 fed hvidløg, knust

50 g / 2 oz vandkastanjer, skåret i skiver

50 g bambusskud

225 g / 8 oz skinke, hakket

225 g / 8 oz dåse ananas bidder i frugtjuice

120 ml / 4 fl oz / ½ kop hønsefond

15 ml / 1 spsk sojasovs

15 ml / 1 spsk majsmel (majsstivelse)

Udblød svampene i varmt vand i 30 minutter og afdryp. Kassér stilkene og skær toppen af. Varm olien op og steg hvidløget let gyldent. Tilsæt svampe, vandkastanjer og bambusskud og sauter i 2 minutter. Tilsæt skinke og afdryppede ananasstykker og svits i 1 minut. Tilsæt 30 ml / 2 spsk ananasjuice, det meste af hønsebouillonen og sojasovsen. Bring i kog, læg låg på og kog i 5 minutter. Bland majsmelet med den resterende bouillon og rør det i saucen. Kog under omrøring, indtil saucen bliver klar og tykner.

Frittata med skinke og spinat

Serverer 4 portioner

30 ml / 2 spsk jordnøddeolie (peanut)

2,5 ml/½ tsk salt

1 fed hvidløg, hakket

2 forårsløg (spidskål), hakket

225 g / 8 oz skinke, i tern

450 g / 1 lb spinat, hakket

60 ml / 4 spsk hønsebouillon

15 ml / 1 spsk majsmel (majsstivelse)

15 ml / 1 spsk sojasovs

45 ml / 3 spsk vand

5 ml/1 tsk sukker

Varm olien op og steg salt, hvidløg og purløg til de er let gyldne. Tilsæt skinken og svits i 1 minut. Tilsæt spinat og rør, indtil det er dækket af olie. Tilsæt bouillon, bring det i kog, læg låg på og kog i 2 minutter, indtil spinaten begynder at visne. Kombiner majsmel, sojasovs, vand og sukker og rør i gryden. Kog under omrøring, indtil saucen tykner.

www.ingramcontent.com/pod-product-compliance
Lightning Source LLC
Chambersburg PA
CBHW050347120526
44590CB00015B/1589